你要么出众，要么出局

李尚龙 作品

湖南文艺出版社
HUNAN LITERATURE AND ART PUBLISHING HOUSE
博集天卷
CS-BOOKY

图书在版编目（CIP）数据

你要么出众，要么出局 / 李尚龙著. —长沙：湖南文艺出版社，2017.2
ISBN 978-7-5404-7965-7

Ⅰ.①你… Ⅱ.①李… Ⅲ.①成功心理—通俗读物 Ⅳ.①B848.4-49

中国版本图书馆CIP数据核字（2017）第010191号

上架建议：畅销·励志

NI YAOME CHUZHONG, YAOME CHUJU
你要么出众，要么出局

著　　者：李尚龙
出 版 人：曾赛丰
责任编辑：薛　健　刘诗哲
监　　制：蔡明菲　潘　良
选题策划：李　娜
特约编辑：汪　璐
封面设计：仙境书品
版式设计：利　锐
营销推广：王钰捷　李　群　张锦涵
出版发行：湖南文艺出版社
　　　　　（长沙市雨花区东二环一段508号　邮编：410014）
网　　址：www.hnwy.net
印　　刷：北京鹏润伟业印刷有限公司
经　　销：新华书店
开　　本：875mm×1160mm 1/32
字　　数：223千字
印　　张：10
版　　次：2017年2月第1版
印　　次：2017年2月第1次印刷
书　　号：ISBN 978-7-5404-7965-7
定　　价：39.80元

质量监督电话：010-59096394
团购电话：010-59320018

只有一次的青春，
不拼了命，也就不能尽了兴。

时光，不会辜负每一个平静努力的人。

你要么出众，
要么出局，

目录

忙起来，
世界才是你的

01

弱者看平台，
强者造平台

02

远离
精神上的"穷人"

03

好朋友
是麻烦出来的

04

没有杂质的爱情

05

海的那边，你在何方

06

这世上哪儿有什么平白无故的
横空出世，
不过都是
经过精心准备的必然结果。

过好今天的人，明天一定不会差。

你要么出众，要么出局

序言
要么出众，要么出局

━━━

　　这本书应该算是我自己写的第三本了。在动笔的时候，我一直在问自己一个问题：如果这本书是我的励志系列的最后一本，如果写完这本就不再写了，如果接下来自己会跨入一个新的领域，如果把这本书作为一个告别，那么我想和我的读者、和身边最亲的人、和自己说点什么？

　　想来想去，无解。

　　一天早上，忽然有了灵感，于是在纸上写了八个字：

　　要么出众，要么出局。

　　的确，在年纪轻轻的日子里，人要么选择出类拔萃，要么被迫遗憾后悔。

○◂▸

　　2008年，我考上军校，上军校第一天，我们就被要求剃掉头发，穿上一样的军装，走一样的步伐，而那些出类拔萃的人，被称为刺儿头。那个环境里，不需要有个性的人，不需要有性格的人，服从大于一切。

　　还记得一个满脸麻子的哥们儿，笑嘻嘻地走过来，跟我说了一句让我毛骨悚然的话：我们两个长得好像啊。

　　我气急败坏地拉着他照镜子，在镜子里看过后我惊呆了，我忽然发现：真像。

　　后来每次走队列的时候我都仔细观察周围的人，那是我第一次发现，其实当每个人被剃了一样的发型，穿着一样的衣服，假设身材身高还一样，那么，人和人真的太像了。

　　那一刻我忽然有了很强的紧迫感：人和人到底怎么样才能不同？

　　五月天有一句歌词：如果人类的脸，长得全都相同，那么你和人们的不同，就看你怎么活。

　　是啊，一定要合群吗？一定要和别人一样吗？

　　直到今天，我依旧感谢那个在空教室里、在操场上、在没人的角落里刻苦练习英语口语的自己，那八个月，脱胎换骨，刻骨铭心。

　　后来我明白了，破茧成蝶和凤凰涅槃一样，虽是新生，但都痛苦不堪，其实在茧里挣扎在火中燃烧，都是修炼，要么从此出众，要么失去一切。可人不一样，失败了不会失去一切，大不了大器晚成，大不了重新再来。

人都不太愿意回想自己难受的时候，就像我在写这段文字时，也不太愿意回顾那段寂寞的日子，可幸运的是，正是那种寂寞、那种逆境，最后让我从那么多人中走了出来。我依稀记得自己穿着军装去参加英语演讲比赛的时候，眼里的湿润，站在舞台灯光下时，感动的情绪。那天，我在人人网上更新了一条状态：要变得与众不同，要变得不可替代。

后来，我获得了全国季军，那个比赛，改变了我的一生。

那时我明白了一个道理：在这个不停变化的时代里，只有那些不可替代的人，才能过上稳定的日了，只有拼尽全力，才能过上普通人的生活。

这个时代，要么出众，要么出局，没有中间选项。

○ ◀ ▶

几年后，我进新东方当老师，那是我在北京的第一份工作，一丁就干了四年。

人都不太敢说自己的梦想，因为怕说出来没实现会被人嘲笑，而我那时就傻了吧唧地跟同事说：我要成为名师，成为这个行业受人尊重的老师！

于是，前两年我很努力，每天备课到深夜，对着墙讲自己的课，录音听，写逐字稿，再修改。依稀记得那一批的老师，走的走，没课的没课，而我不仅每天都有课，而且每次课学生的评分都很高。

到了第三年，我对自己讲的科目轻车熟路，每天上十个小时课，从北京最南跑到最北，从郊区跑到市中心，生活除了忙碌，没有更大的进步。我以为这份工作可以干一辈子，可就在我一直寻求稳定的时候，时代变了。

那年教育市场发生了很大的变化：在线教育的兴起，以更低廉的价格、更简便的呈现形式杀入市场，学生们蜂拥而至，线下课程面临着巨大挑战。

我在一线教学，最深刻的感觉就是几百人的班忽然没有了，取而代之的，是十几个人和几个人的小班。

也就是那时，我明白了，这世界上所有的东西都是变动的，他动，你不动，就是在倒退。

那年我们几个在网上偷偷地尝试着招生，开了自己的在线班，第二天，领导就找到了我们，说我们正在做高层"明令禁止"的事情，已经有很多老师因为这么做被开除了。

这个时代总有一些规律，可是这些规律偏偏和领导的规矩产生了矛盾。此时此刻，你会怎么选择？

那是我第一次跟随内心做出选择，跟着规律走，几天后，我递交了辞职信。

辞职后，迷茫过，穷过，甚至过上了连房租都交不起的日子。

父母问我干吗放弃一份这么稳定年薪还这么高的工作，我说，为了看更广阔的世界。

可是就是那段一无所有的日子，造就了更好的自己。

还记得那时，一直安慰自己：反正已经跌到谷底了，还会继续跌吗？

可是，每次以为是谷底的，都不过是山腰而已。不过，终究会到谷底，到了谷底，接下来一定会反弹。一个努力的人，运气总不会那么差。

后来，我们有了考虫这样的单位，我们从几个人，变成了十几个人，现在变成了几百人的创业公司，数百万的大学生因为我们的存在，上得起最好的老师的课，通过了考试。

直到今天，我很庆幸，在那个时候选择了离开，我开始明白"追求卓越，拒绝平庸"的重要；开始明白，年轻时，没有安稳平淡的中间选项，要么大汗淋漓地出众，要么小心翼翼地出局。

○ ◂ ▸

后来，我又开始写书，莫名其妙变成了作家。一次会议，我认识了一位前辈，他问我，是谁带你进写作圈的？

我说，写作圈还要谁带我进来吗？

他愣住了，说，每个人都是有人带进来的啊，何况你写了一年就进了主流畅销书圈子，怎么可能没人带？

我也愣住了，因为真没有。

还记得第一次我拿着稿子给出版社的编辑看，那个编辑笑了笑，说，这也能出书？

后来又给了一位编辑，她要死不活地给我改了大半篇文章，说这个不行那个不行，你要出书再修炼几年。我气得要死，最后要回了稿子。

讲真，我有怀疑过自己是否适合写作，后来，我明白，与其怀疑自己，不如珍惜当下，天赋不够，就用勤奋去补。

我开始每天努力地写。就这样，我写满了一个硬盘，写坏了几个键盘，写光了十多个笔记本，用完了几十桶笔。

后来慢慢地，越来越多的人开始看我写的东西，开始喜欢我对世界的看法，喜欢我笔下的故事。有人说我写东西有天赋，只有我清楚地知道，这背后经历了多少故事。

曾投稿被拒绝时的失落。

被人抹掉姓名时的愤怒。

遭受网络暴力时的无奈。

坐在电脑边上时的纠结。

每一行字，都是我的青春。

2015年：《你只是看起来很努力》畅销百万，"当当2015年度影响力作家"，"亚马逊中国2015年度新锐作家"……

2016年：《你所谓的稳定，不过是在浪费生命》三个月畅销五十万册，"微博2016十大影响力文化大V"之一……

那些聚光灯下的时刻，我都会逆着灯光看，仿佛看到曾经那个最顽固却又一无所有的自己。

○ ◂ ▸

这个世界一直在变，我们也一直在变。

未来的我，会去哪里？还会继续上课吗？还会继续写作吗？还会继续拍电影吗？

如果这本书是我的励志系列的最后一本，如果写完这本就不再写了，如果接下来自己会跨入一个新的领域，如果把这本书作为一个告别，那么我想和我的读者、和身边最亲的人、和自己说点什么？

1. 勿忘初心。

2. 每天进步。

勿忘曾经相信的美好事物，要相信爱情、坚持、行善、努力这些最容易被遗忘和否认的简单的美好；每天让自己变得更好一点点，做一点没有做过的尝试，保持随时换轨道的能力，做一个不一样的自己。

我想，自己的路还很长，或许以后漂泊累了，会找个地方安定下来，但我明白，安定下来之前，要不留遗憾地拼过，要义无反顾地坚持过。

老的时候，希望我能告诉自己：我无愧于心。

就让我的文字一直陪着你长大吧，愿你喜欢这本书，愿你能看到一个不一样的李尚龙，愿你能从这些故事里看到自己，愿你能看到一个每天都在进步的作者正在发光。

就像看到越来越好的自己一样。

李尚龙

于北京三里屯

Stand

Out

Or

Get

Out

你要么出众，
要么出局

忙起来，
世界才是你的

01

舒适区终有一天
会毁掉青春

———

　　心理学研究中关于人对于外部世界的认识，分为三个区域：舒适区、学习区和恐慌区。

　　在舒适区我们得心应手，每天处于熟悉的环境中，做在行的事情，和熟悉的人交际，甚至你就是这个领域的专家，对这个区域中的人和事感觉很舒适。但是这样的生活，无疑是温水煮青蛙。

　　在北上广这种繁华都市，搞废一个人的方式特别简单，给你一个安静狭小的空间，给你一根网线，最好再加一个外卖电话。好了，你开始废了。

　　以自己为圆心，自己的手为半径，开始画个圆。你会发现所有需要的东西，都在这个圆圈里。

这个圈，叫作舒适区。

今年年初，我一直在全国各地出差，回到北京，见到一个许久没见的朋友，一起去KTV唱歌，他刚刚被公司解雇。我问他，一个月没见，最近忙啥呢。

他说，没忙啥，待着呢。

我问他，啥叫待着。

他挠了挠头，说，我也不知道，就觉得时间好快，这一个月啥也没干就过去了。

旁边的朋友在创业，整天焦头烂额，于是问，啥意思，还能有这种状态，一个月不知道做了什么？我要给你点一首歌《时间都去哪儿了》……

他说，滚。

我说，其实我特别能理解你，你这个月是不是觉得自己过得特别无忧无虑，恨不得连电话都想丢了。

他说，电话还是得要的，不过每次电话响起确实还是有点紧张，总觉得自己安稳的小世界要被打破啦。

我点点头，想起了《肖申克的救赎》里说，这些墙挺有意思，一开始你抵触它，然后你习惯它，最后你不得不依赖它，这就是 institutionalization（体制化）。

人有一种习惯，就是总喜欢在舒适熟悉的环境待着，这种"舒适区"一旦建立，你就会变得无比依赖，慢慢地爱上周围的墙，恋上这舒适的小屋，从而不愿意飞出去看看，怕看到外面熙熙攘攘的世界。

其实舒适区本身没问题，就像家一样，温暖舒服，每个人都有。但如果家的力量太强，你放弃了去外面看看的梦想，是挺可惜的。我们都有过想出去看看然后被爸妈叫停的时刻，但大多数坚持出远门的孩子，也没有忘记过回家的路，回家后，不仅眼界开了，知道世界变大了，明白自己渺小了，最重要的是，他们开始着手下一次旅行的计划了。

看，他们的舒适区，就这么变大了。

我想起另一个朋友，她毕业后去了一家国企上班，每天朝九晚四，日子像上了发条一样，有规律无意义，只有周末，才像被赋予了灵魂一样，一番打扮后逛街约会去了。

我跟她聊过舒适区，她告诉我，我这才不是舒适区，我可是每天都要按时工作的，而且我从来不迟到不早退，很规律很努力的。

我说，那工作一年了，感觉到自己有什么变化吗？

她想了想，说，你别说，好像还真没有。

其实，舒适区分为两种，一种是成天无所事事，另一种更可怕，因为很难意识到，就是无意义有规律的循环。而后者，更是许多人的生活状态：看起来很努力，看起来很累很忙，不过是无意义地循环着，这样的生活，过着只会觉得舒服，却没有本质性的变化。

我曾经见到一个在医院门口收费的哥们儿，每天摆着一副臭脸，谁也不能多问他一个问题，否则他会大发雷霆。可是他一下班，脸上就露出了笑容。后来，我明白了，只有下班后，他才走出了自己的舒适区，开始了多姿多彩的生活。

所以，一个人只有舒适区被打破，才能见到突破和卓越，从而带来持久的幸福。

我曾经写过一篇文章《没有功劳，也就没有苦劳》，说这个时代的高手不再是默默无闻埋头努力的人，而是那些不可替代的有创造力的人，所以，那些总是在舒适区中温水煮青蛙的人，终究会被这个时代淘汰，不过是时间问题。

其实，每个人心里都有墙，甚至每个人都有属于自己的围城，就像每个远行的人，也都记得回家的路。人的区别，不过是围城的大小而已。

人要有一颗愿意挑战的心，有一个喜欢探索的心态，学着做一些没做过的事，尝试见一些没见过的人，试着在生活中埋一些彩蛋。

我特别怕自己在年轻的日子里，把日子过成发条，只剩下嘀嗒嘀嗒。于是，从开始工作的第一天起，我就没有坐过班，即使是现在创业，董事会非要求坐班，我也断然拒绝。甚至有一段时间闹得很僵，他们问我，为什么这么不愿意全心投入这份工作？

我跟他们说，不去坐班不是不全力投入，相反，很多人每天坐八小时，一周坐五天，也就干了十个小时的活儿，搞得自己也郁闷。而我给我自己安排时间，是主动的，工作十个小时，效率可能是二十个小时的。

后来，我拿实际行动证明了自己不坐班效率反而更高，我能用大把属于自己的时间做许多事情，跨了几个领域，这些领域能互相协作，而且都做得不错。

其实，我不愿意坐班还有个原因，就是我特别了解自己的惰性，一旦我的日子变得循规蹈矩，每天都有固定的方式方法，慢慢地我就会失去这么强的创造力和闯劲。我怕自己习惯了一种生活模式，换了环境就不适应了。

不过是想趁着年轻，趁着还没定型，多去看看这个世界是什么样的，想让自己更强大点，强大到在任何一个环境都能活得下来。

至于舒适区，等我老了，拼不动了，再回去吧。

我其实不赞同年轻人刚毕业就走进写字楼的一个办公室参与写字楼政治，我希望他们能多出去看看，哪怕这个业务很累很忙需要颠沛流离居无定所，也最好不要刚毕业就用青春年华在办公室建造起一个舒适区，然后让这个舒适区一点点地残害着本应躁动的青春。

关于走出舒适区，并不是盲目地辞职，相反，你应该有一份活下来的保底工作，除此之外，一定要给自己的生活中埋下一些彩蛋：去吃一次没吃过的超辣鸡翅；去表白一个只见过一次的姑娘；去看一本一直想看的书；和闺密去一个不是旅游景点的地方；去毫无保留地烂醉一次；去看一场能唤起回忆的演唱会。

写到这里，我忽然想到电影《七号房的礼物》中那只被监狱防护网拦住的气球和那对父女渴望自由的眼神。这世界上还有这么多人奋力去追求着自由，而我们已经有了这么自由的躯体，为何不去努力拆掉思维里的墙，自由地飞出去看看这世界的模样？

所以，别让舒适区毁掉青春，相反，应该趁着青春，去围墙的外面看看。你要相信，故步自封的人，舒适区会越来越小，终有一天，会发现世界早无落脚之处。

真正的强者，他们在年轻的时候，经历了沧桑，化解了迷茫，学会了坚强，懂得了疗伤。他们在哪里都能活，哪里都是舒适区，哪里都是自己的天堂。

愿年轻的我们，都是后者，能不顾一切地闯荡。

忙起来多好，
因为闲下来更累

○ ◀ ▶

我去过东北的一个地方看朋友，很久没有去那么偏僻的小山村，两个半小时的飞机后，又坐了两三个小时的汽车，一路颠簸。那里马路上没有什么车，路的两边不是东北菜就是足疗城。

我打开所有的打车软件，都无一例外地写着：本地区没有开放。跟出租车师傅说我能跟你支付宝转账吗，师傅冷冷地说，别整这些没用的，现金！

这个地方，偏僻且安静着，安稳且清闲着。

大众点评上零零星星写着几个评价，就跟街道上的人一样，零零散散，没有上班下班高峰期。

那年毕业，朋友分配到了这个地方，因为这里安逸，早上八点上班报到，中午回宿舍午休，下午五点多就回宿舍了。

他的母亲告诉他，平平淡淡才是生活。朋友告诉他，那么拼命干什么，混混日子，舒舒服服，一天天也就过去了，一辈子也就过去了。

小城市安逸，生活气息浓，甚至看不到匆匆的步伐。曾经听说过他的工作清闲，真正见到，才知道是真的。

单位几乎所有人上班的状态不是打游戏，就是看报纸，要不就是无聊地刷着手机，无所事事地混完一天接一天。

单位里有餐馆、小卖部、移动营业厅、篮球场、幼儿园，要什么有什么，也什么都不缺，人不用出大院，因为什么都有。可是，日了，天天地就这么过了。时间久了，忽然有一天，发现自己离不开这个地方了。

同行的朋友羡慕他的生活，说，你看你工作多爽，成天啥也不用做，工作如此清闲，上班放松，下班回家，这么闲的工作去哪里找啊。再看看我们在北京，今天见客户，明天忙项目，后天还要跟各种老板一起吃饭，忙死了。

没想到的是，朋友的脸上露出尴尬的微笑，他说，忙多好啊，闲才是真的累啊。

○ ◀ ▶

我有点生气，我们一天到晚忙死，闲怎么还累起来了，你在逗我？

可是，两天后，我再也不怀疑他跟我说的话。

那天，我陪他去上班，他在看报纸，我在一旁无所事事地玩着手机，他偶尔给我端来一杯茶，我也跟他寒暄两句，一上午过得很快，就到了中午。

中午午休后，我陪着他去公司打卡，坐在办公室实在没事，就去了楼下的台球厅打到四点，台球打累了，我们继续没事干，于是回到办公室。我拿出本书看，可是来来往往的人，总是吵得我看不进去。他在一边，偶尔接几个电话，偶尔打开电脑，无奈地刷着网页。到了五点下班，我也就看了三页书。

我们浑浑噩噩地走在去饭馆的路上，一天过去了，可谁也不知道今天做了什么。

晚上吃完饭，才发现这个城市的商店都早早地关了门，忽然想去酒吧喝一杯，可十一点左右，酒吧就打烊了。

我们回到宿舍，躺在床上，聊着天南海北，扯着古今中外，无聊地等待着第二天。

我问他，你这样的日子，一年能有几天。他告诉我，除了检查，基本上每天都是这样。

第二天，我陪着他，又过了一模一样的日子。

晚上吃饭时，我点了一瓶酒，酒后，我说，我想回北京了。

朋友问，为啥啊。

我说，因为这两天，过得好累。

他笑着说，你这才两天，我几乎是天天。

　　我去过很多小城市，逐渐明白，为什么小城市的年轻人宁愿选择在大城市忙死，也不愿意在小城市安逸地生活了。在北上广，哪怕他们累到半死，成天加班辛劳，也要豁出去闯一闯。

　　因为宁可忙死，也不想被闲死，只有一次青春，不拼了命，也就不能尽了兴。

　　有一句话叫忙里偷闲最可贵，闲只有在忙碌后，才是有意义的，一直闲着的人，反倒不会那么开心。

　　就像一个刚跑过五公里的人，忽然让他躺一会儿，会觉得很舒服。可一整天都躺着的人，让他一直这么躺着，他只会更难受而已。

　　生活，最重要的是劳逸结合，何况我们这么年轻，别总是抱怨自己忙自己累，累点有什么怕的；要知道，闲下来反倒更累。

　　有事情忙碌，其实是一件幸福的事情，只要别让这种忙碌变成无意义的重复就好。

　　忙碌中，人至少在进步，而那些总是躺着睡觉浪费时间的人，永远不知道世界是动着的。他们以为有了一个大环境的庇护，自己就可以过得稳定，却不知道，那些所谓的稳定，不过是在浪费着生命。当有一天不得不离开这个稳定的环境时，才知道这世上根本不存在一成不变不用进步的日子。

每天进步的生活，才是稳定的，动起来的日子，才充满着活力。逆水行舟，不进则退，既然如此，就躁动起来，别怕忙，反正你只有一次青春，不大汗淋漓，不拼尽全力，要它何用呢。

○ ◀ ▶

每次来到这些小城市，看着早上的阳光、没有雾霾的天空和安静的街道，都会想起金庸笔下的两个人：郭靖和黄蓉。年轻的时候，他们走南闯北，改变着世界；年老的时候，他们隐居桃花岛，过着世外桃源的日子。

可是，有时候我在想，如果他们出生的时候就在桃花岛呢？如果他们之后的日子，都在安逸地下棋散步喝酒，一过就是几十年呢？如果他们一辈子没出桃花岛呢？

那么，降龙十八掌就失传了吧，打狗棍法也就消失了吧，更重要的是，也就不会有《射雕英雄传》这段故事了。

长辈总是告诉我们，平平淡淡才是真，安安稳稳才是福，却忘了现在这个世界变动得太快。那些成天无所事事整日求安稳的人，终究会被时代淘汰，看似安稳的日子，在变化飞快的世界里，才是最不安稳的。

何况，父母是经历过大风大浪后，才说出"平平淡淡才是真"这段话，若连世界都没看完，就想谈平淡，这样的平淡，或许只是平庸罢了。

这次白城之行，我越来越明白：那些清闲的日子，其实才是最累的生活。

所以，忙起来，世界才是你的。

○ ◀ ▶

我的微博里，有很多人在跟我抱怨说自己有多忙，我都会安慰他们：忙其实是一件好事。

因为对比忙，闲着度过青春，更累。青春是拿来摔打的。

人生最美好的事情，就是有人陪，有事情做，有所期待。这样的生活，忙碌，并幸福着。

两天后，我决定离开这座小城，朋友跟我吃饭时的最后一句话是：两年内，我一定会辞职，趁现在还来得及。

我点点头。

回北京的飞机上，我想，所有人都一样，都喜欢面朝大海春暖花开的日子。

不过，总要经历过大风大浪，才知道海阔大空的美好；总要经历过狂风暴雨，才明白春暖花开的意义。

既然年轻，就总要忙起来，才懂得闲暇的可贵。

你是不是注意力
越来越差

那天我跟一个朋友去听讲座，老师一边讲，我一边拿着笔记本记。

他呢，一会儿看着老师，一会儿低着头看下手机。

他每过五分钟就会拿出手机看看，我以为他业务多，一开始没说话，后来他一直看，引起了我的好奇。

我偷偷地看了一眼他的屏幕，才发现压根没人找他，他只是在看别人的朋友圈，然后无聊地刷着微博，再给别人的朋友圈点两个赞。

后来我实在忍不了了，问，有人找你吗？

他说，万一有人找我呢？

我说，这不还没人找你嘛，你好好听呗，老师讲得很好。

然后他忽然坐正了，凑过来，正经地问我，龙哥，我现在总是喜欢看手机，而且每时每刻都看，总觉得有人找我，总觉得有大事发生我没有关注到，慢慢地我发现除了手机好像什么也读不进去，我是不是病了？

我回答，是。

其实，他得了一种很严重病。这种病，已经在互联网社会迅速蔓延起来，它叫"手机综合征"，直接导致的结果，就是无法集中注意力，无法独立思考，而且被信息牵着走，迷失方向，接着不知道自己要什么。

说几个症状，看你中招没：

1. 你是不是总是产生幻觉有人找你，发现没有，一有时间就打开微信、微博刷着？

2. 你是不是更喜欢看短视频，而不喜欢文字的东西？

3. 你是不是更喜欢阅读短的东西，比如公共号的文章，而读不进去长的东西，比如小说、历史、哲学？

4. 你是不是觉得自己的记忆力越来越差，需要别人反复确认你才能记住事情？

5. 你每天玩手机的时间是不是已经超过五个小时？

好了不说了，如果你中招三条以上，这种疾病就在攻击着你的中枢神经，逐渐占据你碎片化的大脑，正在让你变成一个不会思考的笨蛋。

是真的。

知识爆炸的今天，互联网给人带来了太多的便利，帮人利用了许多鸡肋时间，这些资讯、信息、热点大量冲击着我们的生活，可是，这些东西很难变成能帮助自己的知识。

毕竟，真正的知识，是需要长时间地深度总结、撰写、思考才能拥有的。

每天我们读到的信息，不断更新着，不断爆炸着，其实都不过是昙花一现的热点话题，有些甚至是广告。

所谓热点话题，都会随着时间推移变得不那么举足轻重。

就比如说明星离婚事件，你跟风批判别人有什么意义，讨论他的家产又有什么意思？

真正的知识，是要学会思考其背后的意义，比如，婚姻法是怎么解释出轨的，美国的离婚法律如何规定这种情形，到底什么样的爱情能长久，艺人背后的产业链……

这些，不是一条新闻、一篇微信文章能够说明白的，相反，需要大量的思考和查阅资料，才能变成被自己利用的知识。

呼啸而过的信息，我们把它们称为垃圾信息，顶多给别人带来一些谈资，却很难转化成知识，给人带来一些本质意义的提高。

再强调一遍，真正能转化成知识的，是很少一部分的信息源，而这些知识，来自长时间的思考和广泛的涉猎。

而长时间的思考，肯定不是来自手机里的信息。

这些信息都已经被人咀嚼过好多次，甚至许多观点都被不停地洗刷过，读到最后不过是换汤不换药。

比如我在很久之前写过一个观点——放弃无效的社交。

然后呢，好多文章就出来了：《低质量的社交，不如高质量的独处》《无效的社交为什么要放弃？》……这些文章我仔细读过，文笔都比我好，但是呢，观点没变。

所以，观点就那么几个，读来读去也就没意义了，读着读着也不过是浪费时间。

只是碎片阅读，不去深度思考，再怎么读，也不过是反复地去咀嚼一个观点，到头来，是浪费时间。

比如，你是否思考过：如果不要无效的社交，那到底什么是有效的社交；一个人具体要做些什么才能让自己的独处是高质量的；所谓独处，除了一个人待着还能有什么方式。

所以，碎片化地阅读和断续地吸取信息，对大脑最大的摧残，就是让一个人集中注意力的能力越来越差，慢慢地，人只能去阅读几分钟以内的东西，不会去看长篇的故事，不会进行深度思考，人也就会越来越无法集中注意力。

再说几个现象，看你中枪没：

1. 你有多久没有花三天或者一周的时间读完一本小说了？

2. 你有多久没看完一部电影然后写写影评了？

3. 你有多久没有花两个小时写一篇两千多字的文章叙述你的想法和观点了？

4. 你有多久没有听一节两个小时的课，一直没有看手机了？

又中枪了吧？

可是，有人开始问：面对这么大的信息量，我们难道不应该充分利用鸡肋时间去吸纳吗？信息那么多，我想去看看。

其实并不是。

随着信息的获取越来越容易，大量的资讯和新闻呈现在你面前时，你要做的，不是都记住，而是做减法。

一个会做减法，会删除无效信息的人，一定是一个明白自己要什么的人。

总是跟风，一味地追逐新事物，从不问自己要什么，这样的人，很难发展起来。

我的一个朋友小刚很喜欢接受新事物。

小的时候别的孩子都在学音乐，他就缠着父母让他们给自己报吉他班。

后来，他看见同学们都进了体制内，就赶紧去考公务员。

又看到别人都在辞职，他也慌忙辞职去了一家互联网创业公司。

前几天，发现别人都在做微信，他又开了一个微信公众号。

别人关注什么，他就跟着发点什么。

发着发着，迷失了。

他经常跟我抱怨说，我一直在学习，怎么总学不好，每个变革的节骨眼，只要别人都在做的事情，我也都在做，该接收到的信息，我也都知道了，为什么我现在依旧一事无成？

答案很简单。

你看看我们身边有多少人，是因为恐惧而学习，因为恐惧而变化。别人都在学习，所以我也学，别人都在关注，所以我也要关注，别人都在做，所以我也做。

不问自己想要什么，只因为恐惧而推动自己，到头来一定是一事无成。

所以，如果你不知道自己要什么，不在读一段信息前去问问自

18

己想要什么、这是不是自己想要的，接下来，读完了，也就把时间浪费了。

所以，当信息开始爆炸，最重要的事情，不是全部阅读、照单全收，而是问自己需要什么，然后查阅需要的信息，看对自己有用的资讯。

其余的，你大可以不用关注，与其用鸡肋时间读啊看啊把自己的思路全部打散，还不如拿一本书，用间隙时间看完，背背单词，读读外语，或者戴上耳机，就听听音乐发发呆，效果更好。

信息是为人服务的，而不是控制人的。

人也一样，应该去控制注意力，而不是被焦点拴着，无目标地到处行走。

如何成为一个会利用
时间的高手

───

这个时代里，失败者失败的原因迥异，成功的人成功的原因却大致相同。

他们有几个共性，其中，最常见的，是他们都重视自己的时间，会利用时间，会用时间更好地投资自己。

对一个能赚一个亿的人来说，时间比钱更重要。二十多岁的人，可能没钱，可能没背景，但他们一定有的，是大把大把的时间。这些时间，可以毁掉一个人，也可以塑造一个更好的自己。

我想跟你分享几个故事。

我认识一个已婚的姑娘，日子过得很幸福。她不工作，但老公很能赚钱，又很爱她，于是她只负责美美的，其余的，就负责老公的饮食起居，日子过得很稳定。

其实，人很容易进入这种稳定区，尤其是当爱情成熟了之后，人就慢慢失去创造力了，失去创造力，也就不太想进步了。

他们结婚三年，感情很幸福，老公时不时地会回来给她做一顿好吃的饭，或者，送一束美丽的花。

听到这里，我不禁开始抱怨，干吗呢？虐狗呢？这么幸福地描述着，你是想怎么样，差不多行了，不要当街杀狗。

可是，她的脸忽然沉了下来，继续说，其实原来我有一份工作，但干得太累，自己又不喜欢，后来决定辞职，当老公的后盾。他很爱我，我也很幸福，可是，我真的很担心，因为他现在对我所有的好，都是他自愿的，他现在还爱我，可是以后呢？假如外面有一个女生比我更好呢？假如他工作时有一个和他特别聊得来的女生呢？假如等我老了，他遇见更漂亮的姑娘呢……

她继续假如着，仿佛一切都已经发生了，她的眼神里透着满满的恐慌和恐惧。

于是，她不停地让这个男人发誓，保证会爱她，似乎只有这样，才能让自己的心安下来。可事与愿违，她恐惧着担心着，生怕这个男人会离她而去，生怕自己会失去生活中唯一的重心。

我问，你觉得和他的感情稳定吗？

她说，挺稳定。

我说，既然稳定，你为什么要怕？

她说，因为我清楚地知道，现在这种稳定的岁月安好，是假的，只不过是他在为我负重而行。万一有一天他累了，或者他烦我了，我又没有活下来的能力，他会不会就把我甩掉了？

我说，可是，除了焦虑，你此时此刻，做了什么呢？

她愣在那里，没说话。的确，这些日子，她一直在焦虑，一直在担心未来那些还未发生的事情，却从未在此时此刻做些什么，防患于未然。她只是在担心，只是在焦虑，她说自己甚至求了不少大神，算了许多次命……

可是，唯一没做的，就是此时此刻做点什么，来改变现状和未来。

《三傻大闹宝莱坞》里的莱吉，每次考试前就不停地求神拜佛，手上、脖子上戴着的珠宝甚至快压死自己了，他故步自封，凡事都先求神拜佛。他的朋友兰乔对他说：你怕明天，怎么可能过得好今天？

一个总是充满着恐惧，把所有时间都用来焦虑的人，很难有一个美好的明天。真正会利用时间的高手，一定是一个过得好今天的人，过好现在，才会减少焦虑和恐惧，才能过好明天。

现在，我还会经常遇到那个朋友，有趣的是，她开始工作了，她的工作量虽然不大，但给老公分担了不少，也让自己多了许多安全感，她也开始学做饭、开车，开始考各种证书。一个正在进步的人，一个充分过好今天的人，哪里有时间焦虑呢？

后来，她跟我讲了一句话：我现在每天都觉得世界在动，其实是我在跑，跑起来，根本不觉得焦虑呢。

○ ◀ ▶

和惧怕明天相同的另一个死敌就是后悔。

后悔自己考试前没有复习，后悔没有跟爱的人表白，后悔没有跟那个人说对不起，后悔没有趁着年轻早点做，后悔自己为什么说那句话……

可是，天下没有后悔药，许多的后悔，只不过是无能为力。

我曾经说过，后悔是一种最没用的情绪，因为你什么都没做，什么也做不了。

真正有用的思维模式，应该是不后悔，既然事情发生了，既然无法挽回了，就应该去想想看接下来怎么弥补，接下来怎么逆转。

那年朋友B毕业后，一个人来到北京打拼，每天焦头烂额颠沛流离，让她甚至没时间休息。那一年，我时常看到她蓬头垢面地和我们聚会，当问到她最近在干吗时，她都会用极度虚弱的声音说出两个字：工作。

我们开玩笑说老板折磨她，她说是自己选择的，怪不了其他人。

其实很多来北京打拼的人都有这样的伤，他们受了很多苦，却无法跟家人说。

有趣的是，那一年，和她一起长大的弟弟，准备高中艺考。

四年前，B的艺考考出很好的成绩，让她平步青云，飞到了北京读书。于是，她弟弟认为，有姐姐这辆开路车，自己肯定没问题。可惜的是，那一年，姐姐过得不如意，自己太忙碌，弟弟每次打电话，她都没及时接上，回过去，弟弟已经睡了。弟弟每次的短信，姐姐也都没及时回。久而久之，弟弟就不给B打电话了。

第二年，高考成绩出来，弟弟落榜，父母找了很多人，花了不少钱，把弟弟送到日本。临走前，B去送，弟弟摇摇头，说，没事，别送了，我这儿都好。

第二天，B看见朋友圈里，弟弟把自己拉黑了。

从那天起，我感觉B像变了一个人，时常患得患失，动不动喝了两杯酒就开始痛苦地说：要是当时，我能多给他打打电话，多跟他聊聊就好了。

其实一两次我们还挺同情她，安慰一下摸摸头，后来，她像祥林嫂一样，整天这么说，喝了两杯酒后，尤其严重。

那件事，似乎成了她心里的伤，无法解释，也无法改变。

有一天晚上，她又说到对不起弟弟，一个朋友受不了了，他打断B说：B，既然无法改变过去，就不要总是陷入后悔了，反正也没用，为什么不去想想今后能做什么弥补呢？

B看了他一眼，说，怎么弥补？

他摇摇头，说，总会有办法的，与其在这里不停地后悔，还不如随便做点什么。

她似乎懂了什么，那天晚上，我们给她出谋划策。第二天，她找弟弟要了地址，给弟弟寄过去一台电脑，那是他梦寐以求的礼物，也是她用心良苦省吃俭用送的礼物。

那礼物里，堆着姐姐满满的爱。

后来过年放假，她总是坐在弟弟身边，跟他聊他的学业，谈自己的生活。慢慢地，弟弟了解了姐姐那一年的痛苦，知道了姐姐的不如意，他们重归于好，关系依旧，通信不断。

我只记得B说了一句话：后悔真是没啥用，与其去后悔，还不如想想以后怎么弥补呢！

○ ◂ ▸

我曾经写过一句话，人想太远很累，后悔之前更累，此时此刻就是永远，此时此刻就是一切。

计划好今天，才是最好的生活状态。

其实，学会利用自己的时间，是一个终生都要提升的能力。自己的时间可以投资在很多方面，如果是你，你会选择什么，或者，你正在怎么选择？

在采铜老师的《精进：如何成为一个很厉害的人》一书里，时间投资可以从两个角度分类：收益值和半衰期（持续性）。

有些事情的收益值很大，比如打游戏、看韩剧，这些事情会让自己短时间内有很大的快感，可是，持续性很短，快感过后，像是什么也没有发生过一样，自己没有任何意义上的提升。这样的时间，对成长来说，其实就是浪费。

还有一种使用时间的方法，是收益值很大，持续性也很长，比如读书、背单词、锻炼。短时间看，这些东西的兴奋感和成就感并不大，但是一旦坚持下来，都会让自己变成更好的人。

我从大学开始，坚持每天背诵三百个单词。一开始三百个单词能忘掉一大半，可是这件事情我坚持了四个多月，后来发现，能记住的越来越多，能熟练运用的也越来越多。慢慢地，我竟然掌握了大量的单词和词组。

但回想起第一天，依旧是一个噩梦。

直到今天，我依旧会每天把一部分时间投资在一个持续性很强但不太见效的方面，比如说写作，比如说读书。有人问，这些东西能很快有收益吗？

不能，但是，这些时间的投资，是长线的。长远看，不仅是有用的，而且能改变自己。

坚持写作，有时候写着写着，就写成了一本书。

读书也一样，读着读着，就可能会变成一个大师。

或许在许久的未来，也或许在不远的将来。

给自己生活中加点料，给未来留下一些期待，生活的小马达就继续运转起来了。

其实我们每个人的生命都很短暂，虽然出身不同，但结果必定一样。世界虽然不公平，但在时间方面是公平的，无论是谁，一天都只能有二十四个小时。

你投资在爱情上，换来的是美满的婚姻。

你投资在事业上，换来的是工作上的成就。

你投资在焦虑上，换来的是无尽的恐慌。

你投资在后悔上，换来的是持久的自卑。

生命就是这样，因果关系明确，时间链条简单。

每一分钟，都能在成长路上，扮演最好的自己。

寂寞是最好的
增值期

——

年轻时怕寂寞，年老时望独处。

在朋友圈看到一个朋友写了一句话，朋友三十五岁，刚有了孩子，他说：逐渐了解了为什么许多男人每次回到家，都要在车里坐一会儿，抽上一根烟了。因为回到家，你就变成了爸爸，变成了丈夫，你是顶梁柱，是擎天柱，是穆铁柱，就是不是自己。

看到朋友写的这句话，心里很酸。我特别能理解一个人在自己长大的路上，对独处的渴望。随着有了事业，有了团队，有了家庭，责任感强了，独处的时间也就少了。总会在夜深人静时想起当时的年少轻狂和对未来的无限向往。

寂寞是最好的增值期，不幸的是，那些独处的时间，终究会随着我们的年龄增长而消失。

我记得一个朋友前些时间在准备一个英文辩论比赛，因为需要查阅大量资料，背诵大量专有名词，于是，很贪玩的他，竟然三个多月电话打不通。后来，我才知道，他去了个安静的地方租了个房子，每天除了查资料就是对着墙一遍遍地跟自己用英文对话，搞得都快人格分裂了。

幸运的是，那午辩论赛，他拿了最佳辩手。

他说，只有偏执狂，才能创造卓越。而我说，是那些寂寞时光，创造出卓越的他。

这世界上很多很牛×的事情，都是一个人在寂寞或饥饿时想出来的。团队合作很重要，但合作细节、分工明细和目标计划都是一个人在寂寞中想出来的。

寂寞，是最好的增值期。

当老师那几年，遇到过很多人蓬头垢面地准备考试，这段时间，他们切断了外界的干扰，离开了无用的社交，每天早出晚归去图书馆占位，喝着咖啡、红牛去听老师上课，甚至连打电话都成了奢侈，只是偶尔跟父母报个平安。在几个月的寂寞时光后，他们拼了命，尽了兴，结果都不差。

人不应该怕寂寞，而应该怕浪费了寂寞的时光。

我有一个朋友，是个程序员，因为不喜欢自己的工作，去年辞职，一年没有找工作，我们都特别担心他的状态，吃饭的时候会关心地问：你什么时候找工作啊？

他笑着说，不着急。

我问，为什么不着急啊？

他说，我还有点存款，够扛一年。

我继续问，那也不能这么作死吧，花完了呢，至少应该先找个工作干着吧。

他摇摇头说，真不着急，试问，人生有多少时间可以这样什么事情也不做呢？

我没有说话，我们也许久没联系了，一年后，我才知道他的厉害：这一年的gap year（间隔年），他考了驾照，健身减肥20斤，读了100多本书，自考了注册会计师，从此成功转行。

当他走进了一家会计事务所时，他才告诉我们，这一年为什么我们很少能看到他。因为，他在这一年的寂寞时光里，厚积薄发着，平静地努力着，终于，他成功转型，亮瞎所有人的眼睛，变成了自己喜欢的样子。

相反，我遇到的大多数人，在人生寂寞的时光中因为纠结、焦虑，最后浪费了最能让自己升值的机会。

我另一个朋友在被解雇后，成天睡觉睡到天亮，后来竟然买了个电视，回到家第一件事情就是打开电视扫台。一年过去后，除了胖了好几斤，就是存款花得差不多了，人没有任何变化。后来，他不得不离开北京，回到父母开的公司找了个闲职。

要知道他不是特例，很多人都是因为没有用好自己的寂寞时光，最终失去了改变自己的机会。

其实当人毕业后，过上了朝九晚五的日子，才发现白天没时间学习，晚上没力气改变，渐渐地，也就习惯了平庸的生活状态。

许多人被问到大学四年最后悔的事情，他们的回答都是没有好好学习。其实，大家并不是后悔大学四年没好好学习，而是后悔没有利用好那些寂寞的时光。

这些时光，明明可以去图书馆，却被花到了无用的社交上；明明可以去磨炼出一技之长，却被用在了被窝里；明明可以拿来改变自己，却被废在了韩剧、游戏中……到头来，大学四年确实不再寂寞，却在毕业后怀念起了这段无忧无虑的匆匆岁月。

说白了，这不是怀念，不过是悔恨为什么自己没有珍惜时间。

我上大学的时候，干了两件事情，直到今天都很自豪：第一，把自己关在房间里苦练英文，每天四十分钟，雷打不动，坚持了八个月；第二，和几个好朋友组织了读书会，每周一本书，坚持不懈。

这些面对空无一人的教室的日子，在图书馆无人问津的时光，助我大学四年磨炼出一技之长，更让我懂得了外面的世界。最重要的是，我开始明白，寂寞是常态，强者通过寂寞修炼，弱者浪费寂寞消遣。

不过，出来混，都是会还的。

走入社会后，我经常发现，所有成功的大牛都有一个特点，他们珍惜时间，他们会利用寂寞的时光打造出一个更好的自己，而不会在寂寞的日子里打开微信疯狂地点赞、摇一摇。

所以，不用羡慕那些在台上熠熠生辉的人，也不用羡慕那些在其他领域叱咤风云的人，他们不过是在没人的时候，耐住了寂寞，自然，也就能在今后享受得起繁华。

愿我们都能耐住寂寞，用好升值期，成为更好的自己。

追梦人和
断梦人

———

　　人这辈子很短，有时候，年轻时的思维模式决定了一生。二十多岁最重要的，不是成名成功有钱，而是养成一套健全的思维模式。

　　如何面对挫折，如何顶住压力，如何追求梦想。

　　其实这辈子，要么努力地按照想法去活，要么习惯了按照活法去想；要么拼命改变生活，要么习惯给平庸找借口。人若总是将就地生活，慢慢地也就不会讲究了。

　　让我来跟你分享一个阿瓜的故事吧。

　　他爱好音乐，喜欢弹琴，复读两年考上大学。

　　在北京读大学的四年里，他一边兼职，一边在酒吧里唱歌。他说，酒吧里赚的钱虽然不多，但不重要，关键是他唱歌有人听，他喜欢这样的感觉。

不久，他和几个朋友组了个乐队，队长叫于洋，北京人。

大四那年，他们已经有了自己的单曲，可以去后海的酒吧唱歌赚钱了。

他跟于洋说，你说，会不会有一天，我们也能开演唱会？

于洋低头看着谱了，说，会。

毕业那年，有两条路摆在阿瓜面前：工作或者考研。

他本科学的物理，父母希望他能留在北京，所以，要求他先考研再考博，这样能先解决户口再留校当老师。可他不愿意，他想去唱歌。

几次沟通无果后，母亲直接来到北京，连哄带骂地劝他考研。他扛不住压力，找到于洋宣布离开乐队。

于洋可惜地看着他，说，阿瓜，留校根本不是你的梦，你明明喜欢音乐，为什么要做自己不喜欢的事情？

他看着于洋，说，你不懂，你是本地人，你无忧无虑的，当然不用考虑这些。我不一样，我要在北京扎根下来，我只能先读完研究生，解决了户口，再去追梦。我总要先度过这段生存期，不可耻吧。

于洋摇摇头，说，可我们马上要组建工作室了，你不愿意跟我们一起创业吗，一起唱歌也能赚钱啊。

阿瓜说，可是，我妈妈……

于洋没说话，因为他知道阿瓜母亲来的时候那个样子。于是，他说，阿瓜，去考吧，记得，随时回来，我们都在。

阿瓜点点头，离开了他们。

阿瓜脑子聪明，半年的闭关，竟然考上了研究生。研究生考完当天，他想再次回到乐队，可惜的是，乐队已经有了新的吉他手。

他很难过，可很快，他重整状态，一人一琴，继续去酒吧唱歌。

他很有音乐天赋，唱得也很好听，后来，整个学校都认识了他。

很快，他又有了一个新搭档，是她的同校学妹，一个漂亮的姑娘，叫玉洁。玉洁会唱歌，会弹吉他，更重要的是，他们聊得来。

他们唱着歌，一唱，就是两年。

一唱，两个人就从队友变成了男女朋友。

阿瓜曾经抱着玉洁，说，如果能和你唱一辈子的歌，该有多幸福。

玉洁说，那就唱一辈子吧，我陪着你。

不久，玉洁本科毕业，决定留在北京，和阿瓜商量后，放弃了自己学的专业，去了于洋的工作室做音乐。

一年后，阿瓜研究生毕业，恰好，乐队里的吉他手因为家庭原因离开，于洋再次打通了阿瓜的电话。

他第二次面临选择，参加留校考试当一名老师，或者去已经壮大的音乐工作室继续唱歌。

阿瓜衡量利弊，发现自己不喜欢一直做学术，于是他跟于洋说，自己研究生毕业就去跟他们一起做音乐。

于洋问，那你父母呢？

他说，我已经为他们的喜好奉献三年了，这次，他们应该不会再刁难我了吧。

可是，事与愿违，电话里几次争吵后，母亲再一次来到北京。

这一次，因为多次碰撞无果，她变本加厉地在阿瓜宿舍门口喊叫着，甚至嘶吼着，动情时还哭了起来，只有一个目的：让他参加留校考试。

阿瓜咬紧牙齿，跟妈妈说，妈妈，这次，我要做自己想做的事情。

母亲嘶喊着，仿佛要喊出自己的灵魂，她说，我们这么努力是为了谁啊？你已经坚持了三年，你要是放弃，这三年不是白白浪费了？我们就指望你了，你怎么忍心伤害我们的感情？

阿瓜痛苦着，愤怒着，不说话，只是默默地看着母亲，深吸一口气，然后一个字一个字蹦了出来，说，妈，这次，我已经决定了，请你尊重我的决定。

妈妈继续喊着，说，是不是因为那个叫工洁的姑娘，你有了女朋友就不要妈了吗？是谁把你养这么人啊？

她继续闹着，阿瓜无动于衷。

再次，沟通无果。

几天后，母亲走进他的宿舍，拿着一张纸放他面前，上面写着三个字：房产证。

阿瓜看呆了，说，妈，你在北京买房干吗？你疯了吗？你从哪里弄的钱？

妈妈说，这是父母所有的存款，还找了很多乡里的领导借，人家听说你留校了才答应借的，这些钱刚刚够付首付，后面的贷款，三十年，每个月八千，要你自己来还。你说，你没有一份稳定的工作怎么还？

阿瓜呆在那里，看着这张房产证，像是被一座山压在身上，无法翻转，无力反抗。

忽然，一个房子，毁了他所有的梦想。

妈妈笑着说，儿子，惊喜坏了吧，妈就喜欢你过正常人的生活，不希望你整天去唱歌，那不是正经人干的事情。毕竟，做音乐多不稳定、多不靠谱啊。

阿瓜摇着头说，妈，这么多年了，你难道不知道我喜欢的是音乐吗？

妈说，你喜欢个屁，你这样对得起我吗？

阿瓜说，可是……妈！

阿瓜无言以对，他不知道该说什么，也不知道该怎么说，当晚，他失眠了，黑夜迷茫了他的双眼。

第二天晚上，他去找于洋，说自己要去参加考试了。

于洋摇着头，什么也没说。

玉洁冲过来，一巴掌重重地打在了阿瓜脸上，说了两个字：懦夫。

阿瓜不服气地看着姑娘，说，我没办法，我能怎么办？我也想唱歌，可是，我能怎么办？你看我妈，她都成那样了，我能怎么办？我只能先按照她说的做啊！

于洋说，那你就不准备再做自己喜欢的事情了吗？

阿瓜像被打到了七寸，说，我……我要做，可是，不是现在……现在，我要把房贷还了……要先让我妈过上好日子……

说完，他转身离开了工作室。

玉洁在背后喊了好几次，他没有回头，消失在北京的夜色中。

玉洁问于洋，你说，他什么时候能回来？

于洋说，可能再也回不来了吧。

姑娘吃惊地问，为什么？

于洋说，等他还完房贷，就该想买车了，等车买了，就该想换更大的房子了，人的欲望，哪里能有止境呢；等他当了老师，就该想提副教授了，当了副教授，就该想当教授了，等他这些都实现了，也就老了……梦想，就真的只是梦想了。

于洋继续说，阿瓜在一无所有的时候，都没办法迈出第一步，现在，他有的越多，就越难放弃。他的安全感会不断地嫁接转移，现在是父母，等父母老了，再嫁接到老婆，接着再转移到子女。他再也不敢去追求自己想要的，从此，忘掉自己的梦想。慢慢地，他会给自己找借口，按照自己的活法去想，一遍遍地，确认自己生活的合理性。

玉洁问，然后呢？

于洋说，接着就和我们渐行渐远了。

姑娘看着于洋，问，洋哥，真的会这样吗？

于洋没说话，转身回了录音室。

后来，他们再没了联系，再后来，玉洁找了阿瓜几次，他要么忙于考试，要么忙于送礼，很快，他们分手了，从此，成为路人。

玉洁跟于洋说，我能理解他所有的决定，他压力太大了，父母又咄咄逼人，所以做的决定都是出于无奈，如果他有你的家庭条件，可能就不会这样了。

于洋冷冷地说了两个字：是吗？

他说这两个字时，眼神里透着坚定，透着曾经的痛。

后来，姑娘知道了于洋的故事。

大二那年，于洋决定去做音乐，父母坚决反对，因为父亲刚失业，母亲一个人养活这个家。

父母希望他找个稳定工作，踏踏实实地过一辈子。

可于洋想唱歌，就是想唱歌，他们屡次沟通，多次碰撞，愤怒时，父亲甚至砸掉了他的琴。

那个月，他到处借钱买新琴，那段日子，他甚至无法回家，因为每次回家，都会和父亲吵架。

有几次，他就在朝阳公园的躺椅上睡觉，蚊子咬得他一身红点，难受万分。可他就是想唱歌，就是想做自己喜欢的事情，他一心朝着梦，谁也挡不住。

最后，父母断掉了他的零花钱，他就一边兼职一边唱歌，中途父亲来了学校，跟他几次深谈。

他说，爸爸，我可以按照你的意思去做，但我不会开心，我想，等到以后，我会恨自己的生活，也会恨你们。

终于，父母同意了他去唱歌，但前提是必须拿到本科学历。

他笑着点头，给了父亲一个拥抱。

父亲嫌弃地把他推开，然后又笑了起来，说，要干，就干出点名堂。

姑娘问，后来呢？

于洋说，后来，就一直唱，唱到了今天。

姑娘问，现在父母担心吗？

于洋说，现在有了工作室，不仅写歌，还承办了好多音乐节，工作室能赚钱了。最重要的是，做自己喜欢的事情，我开心，他们幸福，所以，他们当然不担心。

玉洁问，是因为你有这么好的父母，还是因为你如此坚持？

于洋笑了一下，说，你觉得呢？

其实，父母的干涉不重要，重要的，是你够不够爱，够不够坚决，愿不愿意去迈出第一步，想不想去用尽全力，仅此而已。

于洋和阿瓜一样，遇到的麻烦是一样的，不过一个坚决，一个怯弱，一个愿意拼搏命运，一个只想妥协。

我想，阿瓜的日子也不会一帆风顺，不开心的状态过着过着也就习惯了，或许他的桌子上会写着一句话：不开心是一种常态。

没有梦想的时光也是一种生活，一种没人能指责不好的日子，对阿瓜而言，或许每当旋律响起时他还会唱两句，看见吉他，也会有一丝伤心。或许他也会给自己找很多合理的理由告诉自己这样选择是有道理的，慢慢地麻痹，缓慢地催眠，然后忘掉曾经的梦想，过好当下，然后悲观地问自己一句：那又能如何？

也是，生活怎么都能过，谁说这样不对呢？

其实，梦想这种东西本身就是虚无缥缈的，你愿意相信，它就有，你不愿意相信，也能生活。

可有梦的人，永远是幸福的，因为他们拼搏过，赌过，一无所有过，大汗淋漓过。那样的生活，有起伏，有追求，有挫折，有实现，那才是活着的青春，才是美丽的人生。

我听玉洁给我讲完了这段故事，至今，他们也不知道阿瓜过上了什么生活，但我想，他也在生活着吧，或许，只是活着。

他真的没选择吗？

其实，不是。

在梦想的面前，每个人都有属于自己的一片天，只要你再勇敢点，再坚强点，再坚决点，其余的，不过是障碍。障碍，在热血面前，只会被融化，只会变成动力。

其实，故事里的阿瓜、于洋，可能是每个人。

一个断梦。

一个追梦。

就这样。

朝九晚五和
浪迹天涯

———

去西藏的路上，我遇到了一个哥们儿，他穿着破烂不堪，寒风冻裂了他的耳朵，嘴唇干裂出了白皮。我们相识在一家客栈，他告诉我，从成都到西藏，他步行了两个月，每天慢的时候二十多公里，快的时候可以到二十多公里。

那两个月，他关掉手机，拔掉电话卡，摆脱缠身的世俗，一个人朝圣，两条腿一个包，只身走进西藏，去感受天地之间，去体会生死之界。

在北京这么久，我遇到过无数想要辞职、退学去拉萨的人。眼前这哥们儿，他正过着这些人羡慕的生活，活得自由自在，过得无拘无束。多少人，愿意有一天也成为江湖上的神话。

我问他，你还继续走吗？

出乎我的意料，他说，不了。

我说，为什么？

他说，没钱了……

这个回答特别毁我三观，江湖人士，还能因为没钱停止前行的道路？你见过哪个武林高手为了银子发愁过？

忽然，我明白了，所谓精神自由，第一步，必须财务自由。否则，所有的自由，都是空中楼阁。

这位旅人，在厦门是一个卖手机的小老板，两年前，他和两个合伙人租了一个店面开始做生意。他出发前，是他店铺倒闭的日子，两个合伙人开始东拼西凑地借钱，东奔西走地求人。他本来有了一些办法，可是，没过几天，女朋友跟别人跑了，他一下子崩溃了，人生跌到了谷底。

第二天，他背上包，拿着几千块，一个人坐火车到了成都，关机。背着包，开始了两个月一个人的行走。开机那天，他的手机被人打爆，他的亲戚朋友以为他失联了，差点报警。

我问他，那现在回去干吗？

他说，处理本应该处理的事情，去找新的女朋友，去复兴我的事业！

他说得气势磅礴，我却笑着说，是去面对该面对的事情了吧。

他点头，说，这一路我都在想自己该何去何从，现在想明白了，这样消失在自己的圈子里，只会让关心我的人担心。有了问题，应该去面对，不应该一味地逃避。不过我不后悔，等我有了钱，还要这样步行。不过，不会像现在这样连吃的都买不起，我要住五星级。

我笑了，这偏僻的318国道边哪里来的五星级？

可是，有多少人，仅仅是生活、爱情受挫，就决定逃离那座城市，过上浪迹天涯的生活。却发现，很多问题，该解决的，还是没有结局。旅行的意义，在于冥思，在于更好地放松，在于更好地开始。

在海拔三千多米，我还遇到一个青年旅社的老板——一个二十四岁的姑娘，已经在这川藏线上待了四年，她过着开门没雾霾，开窗两边全是山的生活。她的客栈住着各种人，每个人都有不同的故事。总之，她过着别人想要的生活，那种宁静、那种自由，是朝九晚五的你我所羡慕的。

我问她，这种生活，无数人羡慕，接下来，你有什么打算？

她说，我要去大城市，然后结婚生孩子。

我很惊讶，于是说，你也从某种程度羡慕过那种朝九晚五的生活吧？

她不停地点头，说，其实有。

我说，你知道我们有多少人羡慕你的生活吗？

她说，我知道啊，每次客栈里的人都跟我这么说。你知道我羡慕你们什么吗？你们可以选择在这里或者那里生活，而我，没有选择的资本啦。

我说，为什么？

她说，这个客栈是我爸爸留给我的，每年也就赚个几千块钱。如果可以的话，我真希望去读个书考个大学赚点钱，可能我会适应不了大城市的雾霾，最终回到原点，可是，至少这辈子能多一些选择。幸福，不就是能多一些选择的权利吗？

人这辈子，无论是朝九晚五还是浪迹天涯，本来都没错，我们期待着另一种生活状态不过是希望在自己生命里能多一些选择。

一味地朝九晚五和一味地浪迹天涯，都会让生命变得太过乏味，最好的生活，是让自己足够强大，支配两种生活状态。在想旅行的时候，说走就走；在想安心的时候，朝九晚五。

工作失败了，去旅行其实不能解决问题，因为你终究还是要回去继续面对，直面挫折才是最好的方式。

旅行的意义，在于放空自己，那些放空，能让你逐渐明白你要的是什么。

别着急羡慕别人的生活，先过好现有的日子，再去追求想要的状态。漂泊累了，还能回家；在家烦了，马上出发。

有改变生活的能力，有适应生活的心态，这样，你既可朝九晚五，又可浪迹天涯。

你好，
考虫

———

在北京的一家咖啡厅里，我问尹延，你说，咱们三个人的创业故事，该怎么结尾？

他一边吃着饭，一边神经兮兮地说，结什么尾啊，你就写着呗，反正你能写。

我说，你想写死我啊？

石雷鹏说了一句人话：那就先别结尾，反正还没结束，路才刚开始。

○ ◂ ▸

写这个故事的时候，我一直在想：这本书上市后，考虫会是什么样？

没人能够预测以后，却能回忆起以前，那段一无所有的过去。

2015年，我和尹延、石雷鹏从新东方辞职。

那时，我们算是新东方搭配最好的几个老师。三个人坐在咖啡厅里，桌子上放着喝完的咖啡杯。尹延和石雷鹏高声地"较量"着，他们在讨论课程的分布与产品的价格，在我看来，他们吵的内容是一样的。

可为什么还要声音那么大地吵呢？因为那时的我们，对未来一片迷茫，不知道路的前面是什么。所以，只能把迷茫变成提升的音量，对彼此发泄。

我们三个加起来讲了二十多年课的老师，在互联网教育的浪潮中，忽然手足无措。知道停下来就是死，必须前进，却不知道前方到底是什么。

那个年代，是互联网教育刚起步的时期，线上对线下的冲击巨大，许多先行者已经扎根在了在线教育。可对我们这些一直只会上课的老师来说，互联网到底是什么，今后我们应该怎么招生，怎么使用平台，怎么和学生互动，和线下课有什么区别……我们像傻子一样摸索着，艰难地变着轨道，荆棘满路地前行。

记得辞职当天，尹延告诉我，尚龙，辞职后，估计你会有三个月没有收入。

我说，好，没有就没有。

О ◀ ▶

　　那次在咖啡厅开会，应该是我们三个最精疲力尽的时候。我把所有的存款投资了一部电影，最后血本无归，龙影部落很快就面临解散。我以为自己硬，可以扛很久，可当包租婆敲了房间门，才知道无论什么人都会为五斗米折腰。

　　石叔本想那年结婚，却也被繁重的经济压力压得喘不过气。那天我们三个在咖啡厅，他们俩对着对方升着调，嚷嚷着，却谁也提不出一个解决方案。

　　我看他们吵得厉害，就时不时地打圆场，说，算了。

　　可他们还变本加厉，继续争论着。我看出了情绪不对，于是说，你们这么吵有用吗？

　　记得最后，尹延跟我说，尚龙，我把你和石叔弄出来，就应该对你们负责。

　　我不解地说，谁用你负责，我没成年啊？

　　当天晚上，他给我在微信里转了一万块钱，还贱兮兮地说，省着点花哦。

　　我嘴上说你怎么不上天，心里却十分清楚，他看出了我的窘迫。

　　北京，这个寸土寸金的地方，没有钱，寸步难行。那一万块钱，交了房租，就没剩多少了。

　　那段日子，偶尔上一些一对一的课，勉强维生。

　　也就是那次会议后，我突发奇想地开了"夜猫子学英语"。初衷很简单，我说，我想每天晚上讲十分钟的英语，和学生有互动，你们两个就在后面使劲地做广告，总是能招到生的。

也就是那次会议后，尹延和石雷鹏的微信沦为了广告阵地。

○ ◀ ▶

我不太愿意回忆那段艰苦的日子，比如他们两个会怪我为什么最近不发广告；比如我会跟他们说，微博广告不能发多，学生会有意见，会掉粉。

就这样，我们扛了一个学期，弹尽粮绝，接着，龙影部落解散。也就是那时，逼着我写了《你只是看起来很努力》这本书。

好在老天看得起我，让努力的人都能得到合理的回报，那本书在接下来的半年里大卖。

可是，龙影的兄弟，全部散了。有的去了博纳，有的去了乐视，有的去了腾讯，有的去了万合天宜，有的走得更远，去了三亚。

我知道自己的电影梦要破了，可面对血淋淋的现实，无能为力。

兄弟去的单位，都是高大上的，忽然让我明白，龙影部落团队里面没有废物，全部是精英，最废物的，是我。

那年考完试，我们三个又坐在了一起，石叔扭着脖子，我才知道，他过得也不好。他长期盯着电脑，压力巨大，他的颈椎出了严重的问题，刚看完医生，准备明天复查。

尹延状态更不好，他黑着眼圈，考前那几天，他整晚整晚地失眠。甚至为了缓解学生的压力，他晚上跟学生在QQ群里唱歌；那时他的嗓子已经说不出话了，唱完歌自己一个人坐在房间里，打开一瓶啤酒，继续惆怅着迷茫着。

尹延笑着用沙哑的声音说，尚龙，你有多久没洗头了。

我笑着，没说话，看着他们两位，眼睛忽然红了。

我清晰地记得那天，本来应该聊聊暑假部署的，可到了最后，我告诉他们两个，我准备出国了，学导演，托福、GRE都背着你们考完了，以后都不当老师了。

石叔说，我准备结婚了。

尹延就看着我们，什么也没说。

那次在咖啡厅的场景，直到今天，历历在目，无法忘怀。

那天我走在北京的街道，本想打车或者坐地铁回家，却硬是从五棵松走到了国贸。到家时，已经是凌晨。

○ ◀ ▶

几天后，尹延打电话给我和石雷鹏，笑嘻嘻地说，再出来聚聚。

这次，我们约在五棵松下面的一家酒吧，尹延笑着说，喂，你们两个说，我们把所有的课综合在一起，一百二十多个小时的课打包，包邮教材，再送所有的学习用具、答题卡甚至笔记本，可能还能无限地回放，只卖一百九十九，学生会不会炸？

我愣在那里，心想，这哥们儿难道昨天晚上吃错药了吗？疯了吗？

那一刻，他真的笑得像个孩子。

石叔问，是会炸，那我们的宣传呢，互联网呢，我们还是不懂啊。

尹延笑了，说，可是有人懂啊！

这次和我们合作的团队叫选课网，整个团队之前都是从网易出来的，对互联网领域有着非常强大的认知，对在线教育有着超强的理解，他们除了没有内容，其他的都显得那么合拍。

而内容，刚好是我们熟悉的。

许多合作，其实都是强强联手，但分开后，却孤掌难鸣。

刚搬去三里屯时，选课网的副总说，我们准备今年招两万人。

我第一反应就是，一群神经病，你去哪里招这么两万人。

石叔脱口而出的是，你们怎么招啊？

那人开玩笑地说，我们牛啊。

我也笑着说，不，是我们牛。

其实我知道，我们谁也不牛。只是因为产品好，价格便宜，更多的人通过互联网，能上得起顶尖老师的课了。

后来，我延迟了出国的计划，毕竟，这个团队需要我。我决定先干完这一年，等一切稳定了，再走也不迟。

后来，石叔一边结了婚，一边上着课，我们真的开始往前走了，我们一起把这个新团队叫：考虫。

○ ◂ ▸

新团队的每个人都很好，我曾经问过选课网CEO李好宇，干吗要定一百九十九这么便宜，他说，他想让教育平等。

一开始我不太相信，后来自己新书签售，去了很多地方，看见无数学生的刹那，才明白这个项目改变了多少人。

在这个英语教育价格昂贵，在线市场混乱的时代，考虫真的做到了教育平等。

后来许多的教育机构都学我们，价格统一都定在了一百九十九。

我依稀记得第一个班招了两千人，上课前，我们遭到了无数的质疑：这课这么便宜，老师水吧，骗子吧，讲课质量能保证吗？

开课前，我们几个对着墙，把课讲好多遍再打开电脑，页面的右边，几百人刷屏，疯狂程度我从未见过。夜猫子学英语，也从原来一百人，变成了几千人在线，也变成了最受学生欢迎的课程之一。

我跟石叔有次笑着说，夜猫子再也不用你在后面打广告了。

石叔也笑着说，广告还是要不停地打的。

那一年，我们开了五个班，招了两万人，学生们自豪自己是考虫的学生，在微博上晒着自己收到的资料，他们称为炸药包。他们签到，他们给我们留言，我们给他们回复。

而我们三个，只会看着微博上的评论，像个傻子一样笑。

〇◀▶

第二年，我们拉了投资，用这些钱打磨出了更好的资料，然后又有了Allen、陈仲凯、刘云龙、谢昭奕、Vivian这些大牛的加入，考虫的学生越来越多，甚至一些学校里，整个宿舍都在一起学习。

考虫起步了。

尹延开始坐班，一心一意地打磨课程和产品细节。

石叔在准备大婚后的造人运动，很少来公司了。

而我，莫名其妙地新书大卖，让我经济忽然缓了过来，于是第二年，我认真着笔，出了第二本书《你所谓的稳定，不过是在浪费生命》。那一年，我带着书，一个人，走南闯北地去见每位读者。

不知道为什么，我每去一个地方，都有学生拿着小黄（我们开发的背单词资料）找我签名。

记得一个男生，一只耳朵失聪，走过来告诉我，龙哥，要不是因为你们，我早就放弃自己了，我们家根本交不起高额的学费，可你们让教育平等了。对了，我四级听力差点考了满分。我明白自己不能放弃自己，更不能骄傲，我开始准备考六级了。

记得那些天，我一边签售一边上网课，加上四六级改革，旧课件基本上都作废，讲的都是新课，所以，常常是在飞机上备课，在高铁上写下一场演讲稿，在宾馆里对着电脑改PPT。

3月初我染上的感冒，一直到5月份才好，这是我最漫长的一次感冒了。到厦门时，我的感冒已经加重到眼睛长期是红的，讲话全是鼻音。做完分享后，有一个孩子给我递来一张纸，说，龙哥别哭，我们都在。我说，我没哭，我过敏。

她这个举动搞得我特别尴尬，不知道要说一些什么。

后来她竟然跑出去给我买了两盒抗过敏的药，这个时候我刚签售完准备离开学校。

拿到药的时候，我真的哭了。

在深圳时，记得一个姑娘带着母亲来签售，母亲跟我说，这孩子本来有抑郁症，因为喜欢你们说话，变得喜欢讲话了。那姑娘一下子哭了，说，龙哥，谢谢夜猫子，每天陪着我，我觉得听到你的声音就不孤单了，能抱抱吗？

我张开双臂：抱抱。

那段时间，我时常蓬头垢面地到处奔波着，有时候十一点还在外面吃饭。有一次在长春，有个学生发我的照片在微博上@尹延，说看到我了，很疲倦。那时，我已经一个多月没有回北京。

尹延在微博上转发说，请虫子们告诉尚龙，我很想念他，让他注意身体。

我和尹延很少说一些矫情的话，虽然是兄弟，但见面都是臭贫打嘴仗，那一刻着实把我感动了，我很想告诉他我看到的这一路的故事。因为考虫，他们的生活真的发生了改变，可是，我不能继续这么上课了，因为明年要出国，那是我的电影梦，不想这么快放弃。

可回到北京，什么都变了。

我签了两年的合同，放弃了出国深造的机会，后来我知道，陈仲凯老师也放弃了去英国深造的机会。在开会的时候，我把一路上见到的故事和学生的对话，讲给他们听，那时公司已经有了许多新面孔，许多我甚至不认识。

我说，我们做的这件事情，很伟大，你可能不知道，你的每个举动，都是光，在照亮遥远的别人。

我讲完，尹延打趣地说，鸡汤龙又要讲故事了。

我看着他快成熊猫眼的眼睛，使劲地笑了笑。自从创业，这货从来没有十一点前到家，第二天还跟打鸡血似的到处跑。

我知道，那就是创业，那就是为了教育的执着。

许多人都为一个伟大的理想放弃了自己的舒适，我想我还会拍电影，这是我的光，不会熄灭。但我答应了那些学生：只要我还活着，夜猫子就一直上下去，我也一直会在教学第一线陪着大家。

后来，我们从小办公室搬到了大办公室；后来，我们又有了许多新鲜血液加入；后来，我一边拍电影，一边上课；后来，石叔有了孩子，叫小石榴。

再后来，我们三个时常联系，却很少见面。

虽很少见面，但一直在教学一线，认识我们的学生越来越多，而我们，虽累，却一直幸福着。

○ ◀ ▶

一次，北京卫视要来采访考虫。

导演说，想拍你们三个创始人刚开始一起努力奋斗的感觉。我笑了一下，说，那就去咖啡厅吧。

我打电话给他们两个，一个小时后，石叔和尹延就来了。

导演说，你们就重演一下当时创业期的争吵。

石叔挠挠头，说，我们不吵架啊，我们很团结。

尹延说，就是，很团结的。

于是我们摆拍了几张，点了三份盒饭，聊了聊家常，我就被导演叫过去拍其他素材了。

咖啡厅的老板走过来，问，你们在拍什么啊？

尹延笑着指着我说，他可厉害了，写了好多东西。

石叔说，是啊，你在网上都能搜到他，畅销书作家。

我装作没听到，只觉得眼睛似乎红了。

或许以后会离教学岗位越来越远，但这段创业的经历和兄弟感情，我一辈子不会忘怀；或许以后会有越来越多的人认识我知道我，但勿忘初心的本质，永远不会变。

那天我们三个吃饭时，我忽然说，写了这么多东西，要不，好好地写写咱们创业的故事，放在下一本书里吧？

尹延说，你写呗，但我十九岁这个事实不允许篡改。

石叔说，我十六岁的本质是不能变的。

我笑了，那天问他们，任何一个故事都应该有结尾，那咱们三个人的故事，该怎么结尾？

尹延一边吃着饭，一边神经兮兮地说，结什么尾啊，你就写着呗，反正你能写。

我说，你想写死我啊？

石雷鹏说了一句人话：那就先别结尾，反正还没结束。

是的，反正还没结束。

而且，我们会一直在。

Stand

Out

Or

Get

Out

你要么出众，
要么出局

弱者看平台，
强者造平台

02

满怀期待地做梦，
遍体鳞伤地成长

————

○ ◀ ▶

每个电影背后都有一个制片人，所谓制片人，就是负责给电影搭盘，负责给影片拉投资，负责找制作团队。说白了，他们的作用就是把商业和艺术结合在一起。

我刚认识天天的时候，就是在一次电影筹划会上，她很漂亮，漂亮到让周围所有人都盯着她看。我问朋友，这姐们儿是干吗的？朋友说，总制片人。

我愣住了，因为总制片人基本上都是四十来岁，于是赶紧问，这大姐多大？

朋友说，1993年的。

我说，这年纪就……就……只比我大了十岁。

可能我的声音很大，她听到后，很不满地说，在我讲话的时候，麻烦大家不要讲话，尊重点好吗？

我赶紧闭上了嘴。

天天是1993年出生的姑娘，这是她操盘的第一部网络大电影，在此之前，她是一个演员，演过很多女鬼、女僵尸、女流氓之类的片子，不温不火。

从北影毕业后，就留在了北京，父母三番五次让她回家，换来的都是她一次次的拒绝。她说，回家了我就只能默默无闻地当个教表演的老师，可在北京，我就有机会当女一，就有机会成为一线明星。

父母给她的期限是一年，一年后没有成功，就回家结婚生孩子。

她答应了。

可惜的是，拍了好几部片子后，因为选择的电影戏路很窄，自己又着急赚钱养家，不得不选择这样的影片，严重地限制了她的发展。

慢慢地，她发现没人找她演戏。不服输的她，又开始混迹制片圈，在认识了许多有钱人后，她开始去了解电影背后的逻辑，学了大量的知识，认识了好多朋友。终于，她开始了自己的第一部制片作品，但毫无经验，焦虑万分。

我一开始听到她的简介的时候挺震惊，因为长得这么漂亮的姑娘明明可以嫁个不错的人，安稳地过日子，或者好好当演员，演好自己的角色，何必要走进制片领域面对血雨腥风？

带着满满的好奇，在那场会后，我认识了她。

◐ ◂ ▸

那年她从北影毕业，因为长得漂亮，很快被一个导演认可，问她，你想红吗？

这个领域总有一些讨厌的家伙，喜欢跟女演员说：你想红吗？但凡这么说话的导演，往往都拍不出好的作品，也很难把人捧红。

天天刚毕业，不理解背后是什么逻辑，于是拼命点头，说，想啊！

于是她进了组，跟着试戏，熬夜背剧本，甚至深夜给执行导演打电话问怎么表演。可是，开机前，她被告知，她演的女一号被人调包，女二别人已经确定了，只能演女三了。

天天咬着牙，说，没事，我也演。

她没想到的是，女三是一个女鬼，前几场戏就被弄死了。

她看着剧本，琢磨着剧情，虽然只有几个镜头，却依旧咬着牙演完了这部片子。

拍完戏，她没有参加杀青宴，只是自己一个人找到一个没人的角落，号啕大哭。

她发现自己变成了案板上的肉，大学毕业，本以为是天之骄子，却没有选择。

虽然不喜欢被人摆布，却只能被动接受。她说，她清楚地记得那天导演跟她说，那个姑娘表演比你强，长得也比你好看。

那天，她下定决心，要继续修炼自己的表演，要让自己升值。

于是，她用自己的存款，在北京办了一张健身卡，报了一个英语口语班。她说，从今天起，要提升自己，绝对不允许任何一个人说她不好。她要变强，要自己去选择戏，而不能被人选择。

可是，长安米贵，北漂不易，度不过生存期的人，在梦想面前，都太渺小。

哪个明星能从一开始就选择自己喜欢的角色呢？

她不敢找父母要钱，也不敢跟父母说自己演的作品，因为她接下来的作品，还不如第一部的角色，什么死尸、丧尸，好不容易有一个微电影让她演女一，但有大量的裸露镜头，她无法接受，只能退却。

就这样，一天天地，她终于开始感到绝望了。

我看着她手腕的伤，问，这是怎么回事？

她摇摇头，说，那时我太恨自己了，恨自己为什么那么没用，所以我拿烟头烫的。

她说到这里，有些说不下去了。

那天很冷，我们两个躲在三里屯的一家很小的酒吧，叫Hidden House，这里很安静，与那个喧哗的世界，格格不入。

○◂▸

她最后一次表演，是一个都市爱情剧，制片人找到她，跟她说演女一。她欣喜若狂，打电话给爸妈，告诉爸妈自己要演一部电视剧的女一啦。妈妈在那边冷冷地说，都快三年了，你看看你都拍了点什么？

她在电话这边愣住了。

她才知道，妈妈一直有在看她的作品，虽然她不会上网，但她一直在关注着女儿的动态。想到这里，她鼻子一酸，跟妈妈说，妈，您放心，这部戏，我一定给您长脸。

妈妈说，不用孩子，只要你幸福就好，咱们不用出名。

开拍前，导演跟她说让她剪头发，说这样和故事的角色是相符的。

天天长发过肩，不忍心剪掉，可看着导演这么坚决，自己又那么需要这次机会，还是下了狠手。她剪掉了自己的头发，站在镜子前的刹那，她哭成了泪人，那是她留了五年的头发，那是她的青春。

算了，反正都是为了能红，这些苦，就吃吧。

于是，她开始一心一意准备电影，准备每一个镜头。

可是，和很多励志故事又不一样，她没红，再一次被耍了。开机当天，竟然没人叫她，她一个人，等到了晚上。

女一再次被调包。

她不服气地问导演，你凭什么不要我？

导演冷冷地说，你脸太大了，不符合这部戏的戏路。

说完，转身就离开了。

天天被晾在一边，如同晴天霹雳，这一次，她没哭。她咬紧牙，回到家，买了一张机票，机票上面写着：北京到首尔。

○ ◀ ▶

我曾经对整容的人是有偏见的，我总认为身体发肤受之父母，每个人除了外在的美，还有更多应该和可以追求的东西，何必要执拗地对自己动刀呢？

可是，当天天讲完她的故事，我陷入思考，久久不能平静。

她一个人，人生地不熟地来到首尔，语言也不通，只能用英文去和大夫勉强沟通，说自己要怎么样做，大夫拿出几张图指指点点。一段时间后，大大似乎听懂了，说，三天后吧，我们做手术。

她一个人在医院边上租了一个小房子，不到五平方米，为了省钱，她只吃一些即食泡面和快餐。三天后，她躺在手术台上，医生给她照了一张X光片，并且用棍子比画着，告诉她要怎么做。

她似懂非懂地点着头。

当一针打进脸，她再也没知觉了，只是感觉手术刀在和骨头摩擦，感觉脸上的肉被一块块地修掉。她不敢哭，因为怕眼泪把伤口感染，于是她忍着眼泪，任凭冰冷的手术刀在脸上敲打着、撕裂着，就像撕裂着她的心。

手术结束后，医生叮嘱了不能吃什么、不能做什么，就离开了。她从手术台上爬下来，跌跌撞撞地回到了小宾馆，当麻药劲过去，满脸开始钻心地疼，疼到骨髓，疼到心里。她照了照镜子，忽然，脸不疼了，却心如刀绞。

镜子里的人，她完全不认识了，为什么这个人像个猪头。

她赶紧发了两张之前照的照片在朋友圈里，那是个漂亮的姑娘，那是曾经的自己。而此时呢，满脸的淤青肿胀，镜子里那位是谁？为什么自己不认识了呢？

消肿之后，自己会成什么样呢？手术会成功吗？想到这里，她抱紧了头，蹲在地上。

她终于还是回到了北京，把自己关在房子里好久，吃了一个月的药。那一个月，她度日如年，每天照着镜子。她的脸一天天地小了下去，伤口一天天地愈合了，可是自己的心却一天天地疼了起来。

因为，手术不太成功。

她的脸直到今天，还是有一些肿胀，那些肿胀，可能常人看不算什么，甚至没有那么明显，但对一个专业演员来说，恐怕是毁掉了全部。

那次手术，她花光了自己所有的积蓄，卖掉了母亲送她的车。她在北京，孤苦伶仃的，一天天，除了看着电脑，想着剩下没多少的积蓄，忽然什么也不想干。每天睡着了醒来，醒来了继续睡，浑浑噩噩，麻木不堪。

她想过回家，却发现早已经回不去了。

的确，北漂的人，都回不去了。

○ ◀ ▶

北京，是一个希望和绝望共存、名利和堕落共生的城市。霓虹灯下，有梦想，也有不少眼泪；有生活，但更多的是生存。我们都是这城市里的小蚂蚁，无论现在多么有成就，都是从一无所有奋斗而来，都曾遇到过绝望。

但幸运的是，有些人在逆境中会转型，会触底反弹，这就是这个城市美好的地方。

那天早上，她起床，照着镜子，照常叹了一口气。她看着表，忽然想：自己好久没有出门了。

一丝阳光照到家里，她看着阳光，忽然明白了什么，也就是那时，她知道了，自己不能再这么堕落下去了。

她约了几个朋友见面，发现大家并没有冷言冷语，并没有看到她的"巨大"变化。她明白，所谓的外在，真的只是敲门砖，关心她的人，更关心的是她的灵魂。

总以为自己是世界的核心，其实世界上除了亲人和为数不多的朋友，没有人真正关注自己。

那些爱她外在的人，不过是在爱那张皮。

那天，几个朋友跟她聊了很久，给了她一些建议，她心情好了很多。她回到家，看着镜子，一个字一个字地跟自己说：大天！你会成为一位优秀的制片人！

不知道她是怎么走出不能成为优秀演员的失落的，我不知道她是怎么搭起这个盘的，作为一个刚入行的导演，我清楚地知道制片水深，金钱无底。她一个1993年生人的姑娘，在这个复杂的网络里徘徊着，见不同的人，聊各种各样的天，就这么硬生生地拉到了两百多万元的投资。接着，她自己搭班子，找好的剧本，找靠谱的制作团队拍摄。

那些天，她天天熬夜，却无比充实。

我想，这本书出版后，她制片的电影，应该已经杀青了。

她在酒吧，喝了两杯cocktail（鸡尾酒）。

我坐在她面前，她终于还是哭了。她说，龙哥，你知道我最开心的事情是什么吗？马上，马上，就会有一部电影的开头，写着总制片人"天天"了。我妈妈再也不会担心我在外面鬼混了。

我陪她喝完最后一杯，眼睛也红了。

的确，大家在北京都不容易。这个年岁，我们一无所有，却又故作坚强；我们满怀期待地做梦，却遍体鳞伤地成长；我们一边面对父母的不了解，一边抵住世界对我们强大的不友好。

可是，我们别无选择，只能一心一意地往前走，那些打不垮我们的东西，都只会让我们变得更强。

天天临走时笑了笑，跟我打了个招呼，认真地说了声再见。

我忽然想到一个朋友跟我说的一句话：上帝关了我一扇门，却给我开了一扇窗，打开那扇窗，外面的世界更大。这世界其实没有什么绝望，只是缺少在绝望时发现希望的眼睛，那双眼睛，能带你看到更广泛的世界。

我微醺地回到家，忽然看到手机上有一条信息，上面写着她给我写的一句话：龙哥，总有一天，我们都会成为自己想成为的人。

我回复了一个笑脸，打开了台灯，那天很冷，但那时，我很温暖。

这世上没有毫无理由
的横空出世

　　昨天，我在家待了一天，从早到晚，拖鞋都没换。盯着电脑，看着屏幕改课件。从早上八点，到晚上十一点，一动没动，除了喝了一杯浓浓的咖啡，丝毫未进食。

　　夜深人静，忽然发现肚子饿了，于是起身出门，开门刹那，发现天早已黑透，熟悉的小店都关了门。我晃晃悠悠地走到便利店买了一个面包，在路边就吃了起来。

　　我教了五年四六级听力课，学生的评价一直不错，这次四六级听力改革，我讲了五年的课要打乱重排。这几天，我几乎每天都在刷题，然后盯着电脑做PPT排版，接着剪音频、编号，最后查阅大量资料引申知识点。其实在课上一个小时，背后要花十倍或者更长的寂寞时光。

我蹲在马路边，看着夜色，眼圈红了，忽然明白一件事：这世界上所有光鲜亮丽的背后，都透着无比的寂寞。但每次努力之后的平静安详，都映射着人生轨迹的跳跃。

刚开始当老师时，我不知道如何备课，以为我的应变能力很强，想课上不过两个小时，只要我保持精力充沛逻辑清晰，仅仅两个小时的演讲，对我来说游刃有余。

第一堂课，我自信地走进教室，讲完后，却垂头丧气地看着台下横七竖八的学生。我背着包，走进教师休息室。

后来明白，台上不可控的东西太多，这世上哪儿有什么平白无故的横空出世，不过都是经过精心准备的必然结果。

后来，我把每次课对着墙讲十遍，用录音笔录下来反复听，每个知识点查阅大量信息，甚至课上的每一个段子都写下逐字稿，连停几秒都提前演练。终于，学生的评价明显开始好了起来。

一次在教师休息室，我看到了一个非常受欢迎的前辈，他问我，看学生对你的评价很好啊，你两小时的课一般备课多久，我自豪地说，至少二十个小时。

他笑了一下，说，我备四十个小时。

这些正能量的人在我身边给了我无穷的动力，这世上最可怕的就是比你聪明的人还比你努力。我开始明白，只有偏执狂，才能创造卓越。你很难想象，一个人在夜深人静时，喝着咖啡，四十个小时一遍又一遍地跟自己死磕的寂寞。那些安静的夜晚，只因他的心中有一颗照亮自己的太阳。

的确，只有耐住寂寞，才能看到曙光。

上大学那几年，我认识了一个警校的大学生，英文和口才一等一。在英语演讲现场，评委现场问的问题，他对答如流，仿佛准备了很久。

之后，我问他是不是学英语专业的。

他说，不是，他是学刑侦的。

我问他，那你英语和应变能力怎么这么好。

他告诉我，一开始没人教他怎么练口语，更没老师给他捷径和方法。于是，他笨拙地把托福口语题库里面几千道题每一道都背一遍。

我听呆了，于是问，你花了多久？

他说，一年多吧，从大一开始，一直到快大三了。那段时间，他几乎没参加任何活动，甚至没有太多社交，平时休息的时间基本上都在图书馆和没人的角落里咆哮着度过。

我很难想象他耐住了多少寂寞，直到这些年，我看到他横扫了很多电视节目，许多人夸他口才一等一，说他是演讲天才。他总是不开心地回应：你才是天才。

我终于明白，这些寂寞的日子，终究会得到回报。

这是个快餐年代，快到你总希望今天努力明天就有结果；快到你总喜欢明天考试今天才开始复习；快到你总觉得今天跑步明天就能减肥成功。

可是，就算是再快的年代，也需要平静不计回报的寂寞时光去积淀，去一步步安静地积累，随着时间的堆积，才能有明显的改变。

一个人坚持跑步一周不难，坚持学英语几天不难，难的是把优秀养成习惯，坚持七八个月，坚持一年，坚持更久。

这世界其实可以很公平，你想一年减肥十斤，最好的办法就是少吃饭。

你想三个月呢，少吃饭，多运动。

你想一个月呢，不吃饭，狂跑步。

可如果你想一天就减肥十斤，恐怕除了节食之外，就要抽脂、动刀了。

学习也是这样，为什么我昨天看书了文化素养还是没有提高；为什么我这两天背单词了英语还是没有突破；为什么我昨天突击了，考试还是没过。

那些闪着光芒的人，谁知道他在阴暗的角落里遭受过多少寂寞。

那些在台上辉煌的人，谁知道他经历了多少无人问津的努力。

这世上没有毫无理由的横空出世，世间的美好，不过是耐住寂寞，坚定不移而已。你要相信，时光，不会辜负每一个平静努力的人。

传道者
的井

○ ◂ ▸

　　从《圣经》和一些历史资料来看，犹太人是上帝特选的子民，在那个时代里，他们是人类的佼佼者。他们引以为豪的特征有两点，一个是割礼，一个是律法。所谓割礼，就是去除生殖器上面的异物；所谓律法，就是犹太人特有的法律。犹太人因为有这两项传统，在宗教上，就远远地超过了外邦人。于是，他们以自己做了割礼为自豪，并用律法来限制自己的行为，让自己更得体。可是，久而久之，他们的自豪变成了骄傲，他们的得体变成了狂妄。他们开始用是否进行了割礼来鄙视外邦人，用自己的律法来惩戒外来人。慢慢地，他们优越感爆棚，时常对别人指责和评论，可自己的行为，却时常充满着罪恶。

后来，使徒保罗在《罗马书》里写了一段话：

2：28　因为外面作犹太人的，不是真犹太人；外面肉身的割礼，也不是真割礼。

2：29　惟有里面作的，才是真犹太人；真割礼也是心里的，在乎灵，不在乎仪文。这人的称赞不是从人来的，乃是从神来的。

这段话的意思是，犹太人你们虽然外面的肉身做了割礼，但个别人内心深处却肮脏不堪，只有内心纯洁的人，内心做了割礼的人，才是真正值得称赞的。

以上这段分析，来自教会的一位牧师，牧师在跟我聊的时候，一边说着经文，一边有些不好意思。他说，我在分析这段话时，心里无比颤抖，因为每一个传教人，都遇到过这样的麻烦，我们能告诉别人什么是对的、什么是错的，我们能为别人指出光明的路，却很难把自己从井底挖掘出来，自己天天看《圣经》，反而充斥着怀疑和疑惑。

这是传道人的井，因为太近，因为太高，所以孤独，所以茫然。

○ ◀ ▶

他讲这句话的时候，我浑身冒汗，因为这每一句话，都在说我。

这些年我很幸运，一直在讲台和舞台上。我从二十二岁开始当英语老师。因为长期在讲台上，看到过太多学生，听他们讲自己的故事，所以，我能在很短的时间里听明白学生的困惑，并且提供给他我的建议，尤其是在英语学习方面。

毕竟，他们犯的错，我几乎都犯过，或者是见别人犯过。

偶尔学生问我生活方面的问题，我虽然无法给出建议，但会把见过的例子讲给他们听。后来，我开始写作，把思考过后的道理和故事写给大家，没想到，这些东西竟然对许多年轻人有用。忽然间，几乎每天，在微信和微博后台，无数的人咨询关于他们自己的选择和梦想。

给别人挑错是容易的，自我救赎是困难的。

有一段时间，我很热衷于给别人答疑解惑，直到有一天，我忽然发现最需要帮助的，其实是自己。

那年我准备出国，于是报考了托福考试，当时一直想，当年我的六级成绩六百多分，何况还有这么多年当老师的经验，考个托福而已，没问题。于是我完全没复习，淡定地进了考场。

进考场后，我整个人就蒙了，看见旁边比我小很多的孩子答题如飞，我的心里瞬间崩塌，平时给别人讲的考试技巧忘得一干二净。出成绩后，我只考了八十一分，要不是口语和写作是长期用的，没有退化太厉害，可能分数更低。那是一个很差的成绩，在美国，九十分才能申请不错的学校。

我忽然意识到紧迫感，这些年当英语老师，总是告诉别人要刻苦背单词，告诉别人要阅读，可是自己到底读了几本英文书呢？自己有多久没有背单词了呢？想到这里，心里无比愧疚。

有一次我跟一位老师聊天，他刚去了美国，回来后，他很挫败地说，当了这么多年的英语老师，英语水平真是退步得一塌糊涂，现在和老外讲话都困难了。

我笑了一下说，最主要的是，我们还在教育别人要好好背单词，要早起早读。

他也笑了，笑得很无奈。

的确，这就是传道人的井。人到了一个高度，就不太想进步了，于是，开始躺在成绩上睡觉，为什么许多时候教会了学生，饿死了师父？是因为师父放弃了进步，而徒弟还在突飞猛进着，是因为师父懂得教别人，却不懂救自己。

那次托福失败后，我开始仔细听我上课讲的内容（是的，我讲课已经成了惯性，从来不听自己讲的是什么），忽然明白，拿我那套教育自己，如果真的完全做到，就能让我成为一个优秀的学生。

挫败的是，我原来真的这么做过，而且还坚持过。

那段自我救赎是痛苦的，我买了全套的托福教材，报了一个班，还下载了一堆单词软件，玩命地用空余时间背单词做题。接下来最搞笑的事情发生了，白天我是个学生，不停地虚心请教老师问题，晚上我变成了老师，传道授业解惑。有一次一个教托福听力的老师在网上跟我聊天，说我们有个特别厉害的同行也叫李尚龙。我笑着回复他，是吗，我听说他挺弱的。

她现在还不知道，我俩是一个人。

第二次托福考试，我考了一百一十四分，差六分就满分了。分数出来后，竟多了许多久违的感动。直到今天，我会经常去背背单词，有空的话也会读一下英文原版资料。我更加明白，人越往上走，越没有参照物；越往高走，越只能一个人；越高，越容易看不清事情的本质；越亮，越容易蒙蔽双眼。

　　兰道尔·华莱士导演的电影 *Heaven is for Real*（《天堂真的存在》）看到最后让我热泪盈眶，这是根据一个真实的故事改编的，美国牧师托德·波普三岁的儿子科尔顿·波普盲肠破裂，在医院里紧急抢救，生命垂危。后来经过一系列的抢救，科尔顿终于从鬼门关里活着回来了。随着科尔顿的渐渐复原，一家人又开始了平静的生活。一日，科尔顿在不经意间提及了已经去世多年的爷爷，爷爷过世的时候科尔顿还未出生，这让父亲托德大为震惊。不仅如此，他还跟妈妈索尼娅·波普讲起了未曾出世的姐姐，而妈妈流产的这段往事并没有向他人讲起过。小科尔顿还说，在天堂，他就坐在耶稣的腿上，耶稣告诉他不要害怕。

　　牧师的最后一段话让我尤其震撼，他说，他曾经因为信仰，决心终生在教堂服侍，可是，随着他离教会越来越近，反而变得将信将疑。离得越近，越容易怀疑；离得越近，越容易迷茫。是儿子的那番话，让他重拾信心，变得更加坚强，找回了初心，继续坚持自己的梦想。

　　其实这样的例子在生活中比比皆是。

　　我的编辑曾经在一段时间里极度焦虑抑郁，我告诉她要多看书多阅读，说完就后悔了，因为我忘了，她的工作就是要看大量的稿子和书。

后来她跟我说，原来就是因为自己喜欢看书，所以才进入了编辑这个行业。可是万万没想到的是，现在看书已经不是放松，而是任务，每天看得太多，甚至恶心。回到家就想睡一觉，可是，越睡越焦虑，怎么办？

那天，我们在车上，聊了很久。我跟她说，那你还记得自己读书的初衷吗？

她说，是为了汲取更多的知识，了解更大的世界。

我说，现在读书呢，是为了工作，为了谋生，自然会烦。可是，书分成多种多样，你读的那些，可能并不是你喜欢的，所以就是煎熬。那么，要不要换一种书去读？回到家，就读自己喜欢的，这样是不是更放松？

她真的这么做了，现在，隔三岔五地发了好多书在朋友圈。这些书有许多是和她编辑的领域不同的。

我想，专业人士都会遇到同样的麻烦。

我在带考研班时，都会建议班上的同学在学不下去的时候听听歌曲，缓解一下大脑疲劳。可是，有一个朋友坚决反对，她告诉我听歌只会让她头疼。这位同学是学音乐的……

同理，你会发现学电影的男朋友在电影院里睡着了；学表演的坚决不想看话剧；写作的人慢慢地不爱读书了；医生往往自己都亚健康；健身教练自己反而饮食不健康……

为什么呢？人在圈里，就更容易蒙蔽双眼；人在井中，就难看到完整的天。尤其是传道者，更容易发现教育别人简单，改变自己，无比困难。

只缘身在此山中，跳出圈外，才能看见天空。

所以，我们需要怎么做？

○ ◀ ▶

我们应该不停地更新自己的状态，与时俱进，拆掉思维里的墙。更重要的是，我们应该时刻准备着，持续进步着，这样，才不会被社会淘汰。

我们见过太多大学老师一个课件讲了几十年，见过太多医生用一副药包治百病，见过太多昙花一现的明星和一夜暴富的暴发户，可是，他们都只是过眼云烟，瞬间就会消失得无影无踪。

只有持续进步的人，才配享有稳定的将来。

不与时俱进必然会被淘汰，不时刻进步，无论曾经多高，都会跌下高坛。

世界是动着的，只有时刻拼搏，才能永远稳定在上方。

有进步的习惯，有不满足的心，有探索未知的情怀，才能跳出传道人的井，看到更大的世界。

下班后的生活，
决定了人的一生

▭

○ ◀ ▶

北京，繁华又令人迷茫的都市，有多少人能真正做自己喜欢的工作？

又有多少人，是先谋生，再谋爱？

每个人都在曙光出现时堵在环路，霓虹灯下挤在人肩接踵的地铁上。

我就是无数勤奋又无名的小蚂蚁中的一员。

几年前，我的同事小方就和我一样，活在这座城市里，当英语老师。白天上课晚上备课，生活像上了发条，累并重复着。

我们都这样，重复了好几年。

可是，几年后，小方依旧在上课，每天十个小时，从早到晚，上的课依旧重复着。

而我成功转型成了导演、作家。

我不是炫耀，只是每次小方跟我见面时，我都会受不了她跟我有以下这段对话。

她说，你运气真好啊，赶上了我们国家义化大爆发的时候，才能顺利转型。

我说，小方，这世界上没有毫无理由的横空出世，我还是很努力的好不好。

小方说，你哪里努力了，你就是聪明，当年我们每天都被课安排得满满的，回到家不是睡觉就是看看电视就睡了。你竟然辞职后这么快就换了轨道，竟然干得还不错，不是聪明还是什么。

每次说到这里，我都摇头，因为不知道该如何接，她的话让我觉得"聪明"是贬义词。

记得那段每天都在上课的日子，我每天几乎都是三点睡觉；最重要的是，直到今天，我家里都没有电视。

每次下班，人确实很累，可是，同事打开电视，而我打开电脑；他们看节目，我码字；他们喝酒，我喝咖啡；他们准备睡，我准备熬。

那段时间，我每天一部电影，每三天一本书。笔记记在厚厚的本子上，光是本子，就写满了十多个。

我很感激那个时候的独处与平静地努力，很感激那时每次下班都没有无休止地疯玩，而是用下班后的自由时间磨炼出了另外的一技之长，才能在机会来了之后，牢牢把握住。

否则，直到今天，我依旧只能循环地上着课，这样循环的生活不是不好，而是我不太喜欢。

我讨厌别人说我运气好，运气很重要，但机遇倾向于有准备的人。一个从来没准备的人，就算运气敲门，他也浑然不知。

其实很多人都在忙碌地上班，朝九晚五，筋疲力尽。但下班后的时间是自己的，这些时间，只要学会积累，合理支配，一定能够打造出一技之长，打造出自己专属的兴趣，坚持下来就能打造出一个更好的自己。

我辞职后，还见过小方几次，她蓬头垢面地刚刚下课，我约她去参加读书会听讲座，她总摇摇头说她今天累了一天，要去逛街犒劳自己。

有几次跟她通电话，没人接。她第二天才回我，说她昨天晚上很早睡着了。

后来，只要一起吃饭，她都会抱怨这份工作太累，回到家就想到处high，说这种重复性毁掉了她，说工作让她越来越不喜欢自己，自己却无能为力。而我只是会当耳边风，任她发完牢骚，跟她说，那我怎么能成功转型呢？

她说，因为你聪明。

我无语，然后看到她依旧在下班后逛街、看电视、睡觉。

忽然明白：一个人下班的时间，决定了他的高度；一个人如何使用空闲时间，决定了他能走多远。

○◀▶

我想起一个学生，上大学时被迫选择了一个自己不喜欢的专业。

可他却迷恋着摄影。

这样的人，在大学校园里有很多。

他经常在微博里给我留言，说自己想成为一个优秀的摄影师，可是已经晚了，自己被分配到这么一个专业。

我很纳闷，问，哪里晚了，你还这么年轻。

他把当摄影师这个梦想告诉身边的朋友，所有人都觉得他疯了，有些人最多呵呵笑一下，然后让他加油，再继续打游戏。

这个世界总是这样，追梦的路上，总有些人不停地笑你。放心，他们会一直笑，直到你实现了梦，这些讥笑才能变成苦笑，剩下的，就该你开怀地笑了。

后面的日子，他该上课上课，该考试考试，除了时常带着单反，其余的，和别人没有异同。

几个月后的某一天，辅导员在会上宣布了一件事情，他们班有人获得了国际摄影比赛一等奖，正是他。

毕业后，他通过自己的作品，考上了北京电影学院的摄影系。他同学说他是个天才，可他只是嗤之以鼻地说：你才是天才，你们全家都是天才。

他说，我不过是用了别人睡觉、打游戏的空闲时间，专注于一件事情而已。

后来我才知道，每天他起得很早去学校，趁着露珠还在、晨光初现，按下第一次快门；晚上路灯下，看着灰蒙的天空、皎洁月光，按下最后一次快门。这短短的几个月，他按下了数十万次快门，拍下了无数张照片。每天晚上在自习室，他打开PS软件修着图，图书馆里，除了他，只有那些考研的孩子。

每个忽然转型的人，都有着许多平静努力且无人问津的时光。

他用空闲的时间做了喜欢的事情，他不是天才，只是个努力的人。

的确，人总喜欢把自己不理解的跨界者分析成天才，却不知道，每个人都能成为天才，只要肯合理地利用空闲时间。

一个人如何使用空闲时间，决定了他的高度。

○ ◀ ▶

我把上面两个故事讲给一个准备辞职的哥们儿听，他频繁地点头。

这一年，他早就受不了公司要求每天早上八点半打卡，也受不了老板变态的脾气和同事打小报告的习惯。

听完故事，他告诉我，他现在的主要矛盾不是和这家公司，他应该在下班后打造一个更好的有能力的自己，然后再递交辞呈，去一个更喜欢的公司，如果赌气就辞职了，自己连保证基本温饱的能力都没有了。

一气之下辞职看似霸气外露，其实不过是一种变相的逃避。

这些年，我见过许多要辞职的人，他们把自己所有的不顺和平庸都归因于所在的这家公司，其实并不是，你可以用下班时间做得更好。

我也见过许多要退学的人，把自己所有的痛苦和无能归因于学校太差专业不好，其实不然，你能用空闲时间去旁听喜欢的课程，看喜欢专业的书籍。

我曾经写过一篇文章，叫《你总要度过生存期，才能谈梦想和未来》。

生存期确实不好受，或许你做的是自己不喜欢的事情，好在这种不好受并不是一天二十四个小时，你依旧有时间去打造一个更好的自己。

所以，当你手上拿着一杯水，接下来你要做什么？

我想你可能会说，倒掉、喝了……

都不对。

当你拿着一杯水时，接下来你应该去做自己喜欢的事情，也许这杯水它占了你一只手，但你总有时间能把它放下来，去做自己喜欢的事情。

这杯水，就是你现在拥有的却不喜欢的工作、专业。

可放下水时，你拥有的，是整个世界。

○ ◂ ▸

这世界没有那么多一帆风顺，可是，抱怨却不改变，指责却不反击，痛苦一段时间后，人没有学会触底反弹，反而开始苦中作乐，才是最可悲的。

其实你的抱怨，不过是借口而已，现在的工作真的会占你很多时间吗？那么这些时间之后呢？你做了什么事情去改变现有的生活呢?

　　我曾经问过一个朋友，当你做了一份不喜欢的工作，接下来你要干吗?

　　他给出了最好的答案，先干着，然后用空闲时间磨炼出一技之长，然后投简历，骑马找马，等时机成熟了，再凤凰涅槃。

　　可大多数人呢?

　　他们一边抱怨着自己不喜欢的生活，一边下了班去花天酒地，第二天继续抱怨，无休止地循环下去。

　　所以，别逃避，去提前准备，一边卧薪尝胆，磨炼出一技之长，一边做好随时换轨道的准备。

　　这些空闲时光，能打造出一个更好的自己。

弱者看平台，
强者造平台

○ ◀ ▶

一年前，一个记者朋友跟我讲了一件事情，她通过朋友联系到了一个大腕儿采访了他。这个人之前从来不接受采访，这次竟然答应了她。她回到公司，特别开心地跟领导说：我采访到了他。

没想到领导笑笑说，你看，我们的平台重要吧，要没我们的平台，你怎么可能有机会接触到他。

事后，朋友跟我说，重要你妹！

其实为了采访到这个人，朋友从早到晚创造机会和这个人偶遇、见面，逢年过节短信骚扰、语音袭击，她孜孜不倦，终于有一天，这个人回了她一条短信，说：我今天晚上七点到九点有空，接受你一个采访吧。

朋友听到这句话，欣喜若狂，眼泪都快出来了，于是竟然傻了吧唧地问了一句，为什么？

那人扑哧笑了，说，你很坚持，这让我很感动。所以，所有的媒体，我只接受了你的采访，希望你继续努力。

朋友说到这里，我不禁开始思考，平台和个人能力到底哪个重要，或者，它们的关系到底应该是什么？

之前，我的观点是年轻的时候看平台，年老的时候看能力，可是，这件事情过后，我的观点发生了很大改变。

那天，我问朋友，你觉得平台重要吗？

朋友冷不丁地说，重要个屁。

○ ◂ ▸

分享一个故事：

前段时间一个微信号的小编给我发信息，说，龙哥我想转载你的一篇文章。

我的习惯是无论你大号小号，只要署名，我都会很快同意，不耽误大家时间。于是，我很爽快地答应了。

没想到小编来一句，哎呀，还是平台重要啊，幸亏我这个平台很大啊，龙哥你这么快就答应了！

我当时凌乱了，于是仔细看了一下她的介绍。那个单位我压根没听过，可能是个大号，但这和号大不大有什么关系？哪怕它是个小号我依旧会同意。

于是，我好为人师的臭毛病又来了，我跟小编说，孩子，我答应你不是因为你平台大，谁我都会同意。如果我通过看号的大小来决定是否授权，那也是跟号有关系，跟平台有关系，和你没有关系。所以，别把平台当作你的能力。你要明白，每个人都是一个个体，离开平台剩下的，才是你的本事。

其实在很多社交场合中，大家刚开始记人都是通过头衔、标签和平台去记人。此刻你就像正坐在一艘很大的船上，人们会因为你船大，而尊敬你几分。可是你总要下船，总要上岸，总要换船。上岸后，谁还记得船上曾经有你？此时此刻，你是谁，才格外重要。

很多人都有这个错误逻辑：我现在这个平台很牛，所以我很牛。

就像我认识很牛的人，所以我很牛一样。

其实并不是，每个人在舞台上化了妆都会很美很吸引人，可当你出了剧院走在路上还能被人认出，才是真正的明星。

比如在我的微信里有很多人我并不认识，他们只有一个标签加姓名，静静地躺在那里，我们没有太多的交集。相反，有很多学生我都能记得，因为和他们吃饭、探讨、沟通的时候，会觉得他们有趣好玩，慢慢地，我也就忘记了他们的头衔，只记得他们是我的朋友。

这个世界喜欢给人贴上标签，却不知道每个人都应该是一个独立的个体。弱者总喜欢炫耀自己的平台，高谈阔论自己有铁饭碗，嘚瑟自己在哪个体制内。真正的强者，从来不会拿着平台说事，他们创造平台；他们每去一个平台，都能让这个平台变得更好；他们不会错以为平台是自己的能力。他们明白：离开平台，剩下的，才是真正的自己。

○ ◀ ▶

很长一段时间，我都被贴上新东方老师的标签，朋友介绍的时候，总是会说，这是一名新东方老师。这点让我很尴尬，因为我在新东方也就三年，而且我辞职快三年了。

有一天，我发现介绍我的朋友开始说，这是我朋友，李尚龙，是一名英语老师，也是青年导演和作家。忽然，我发现我的平台消失了，大家开始认可我这个人，而不是我的平台。

后来我慢慢明白，因为自己每天都在进步，在哪个平台就不那么重要了。

现在，我加入了一个正在成长的创业公司——考虫，我现在的目的，是要帮助这个公司上市，从而创建更好的平台给更多人。我经常跟我们公司的新同事说，不要总依靠平台，要和我们一起共同搭建这个平台，然后一起进步。

我觉得员工和平台应该是有这样一种关系：共同成长，彼此独立，不寄生于彼此，但要协助对方，一起变得更好。

员工也不能赚多少钱干多少事情，而应该以提升能力为目的，不能用平台给你多少钱来决定自己的价值，这样失去的会更多。

我曾经遇见一个出版社的编辑，她看稿子速度慢、效率低，我问她你怎么这么低的效率，她说，老板一个月才给我这么点钱，我拼什么命啊？

她这一句话，我就明白了，她肯定成不了事，无论去哪个公司。

她竟然为了工资而生活，用工资来决定自己的价值，这样的生活，未免太错误。

我想起在新东方上课的日子，赚的是课时费。刚入职的时候，是一个小时一百四十元，一个同事想，反正只要度过两个小时，那么无论讲成什么样子，价钱是一样的。所以，混吧。

他甚至跟我说：咱们这个平台多好啊，反正有课上，只要讲得别太差就好。

现在回想起来，幸亏我没有听他的，那段时间，我把每节课对着墙讲好几遍，录音听了后再上台，而且每次讲完，我都会修改课件，虽然烦琐、痛苦，但每次讲课后，自己都能有所提高。结果，虽然我们都赚了一样的钱，但几年后，我在台上的应变能力以及讲课技巧已经大幅度提高，之后，我跳槽到任何一家单位，都能独当一面。

而他只干了两年，就被迫转型离开教育圈。

我开始思考我们之间的区别，终于明白：他总以为到了这个平台就安稳了，有了这个平台做后盾就放心了，我为了老板给多少钱而工作；而我想的是，这个平台不重要，毕竟世界上哪里有绝对稳定的生活，重要的是自己是否能够提高，我为变成更好的自己而工作。

所以，平台和个人，应该是相互依存但相互独立的关系。平台可以有你而更好，但不能全倾于个人，你可以依靠平台成长，但不能依赖于平台。

○ ◀ ▶

我们在一毕业的时候，都希望找到一个好工作，认为有好工作就有了好平台。

就像我们都想考上好学校一样。

后来我们发现，好学校也有庸才，一般学校也一样能出改变世界的人。当这个人出现在公众面前时，大家只记得他创造的平台，只有在调侃的时候，才会想起他的母校。

一个强者，一定不会完全依靠平台，而是会让自己变得更强。他会和平台融合在一起，和平台共同进步，就像一个球队一样，平台获得总冠军时，你，就是MVP（最有价值球员）。

○ ◀ ▶

回到一年前那个故事。

朋友过了几天递了辞呈。

领导很可惜地说，离开了我这个平台，好可惜，你再也找不到这么好的平台了。

朋友没说话，冷笑了一声，转身离开了单位。

后来，朋友去了另一家单位，上周，再次采访到了那个很难采访到的人，毕竟，他们成了好朋友。

　　而他原来的公司，据说，还动不动地开会，质问其他员工：我们这么好的平台，你们怎么约不到那个人了？

　　一个错把平台当本事的人，注定是悲剧的。

没有自制力的人，
就别去谈自由

　　我算是一个自由职业者，有个朋友特别羡慕我的生活，她说，我特别羡慕你在哪里都能办公，羡慕你不用挤地铁赶早高峰，羡慕你可以掌控自己的时间，更羡慕的是你的工资还比我高好多。

　　我无奈地摇摇头，心想，真是别人永远是好的……

　　有一次她问我，龙哥，我虽然没有一技之长，但我也想成为自由职业者，你觉得可能吗？

　　我说，不可能。

　　她问，为什么？我就要辞职，我态度很坚决！！

　　我说，大姐，你没有一技之长，就不要总想成为自由职业者，相反你应该感谢你们领导给了你一碗饭，让你活下来。你还要啥自行车?

她说，龙哥你说话太直接会没有朋友的，好吧，我放弃辞职了，那我不能一直这样吧，我现在应该做点什么？

我说，你先别着急辞职，可以利用下班之后的时间去报个班，学习个一技之长，然后多读读书掌握一点专业技能，这些和上班本身不矛盾，至少你可以先尝试一下管理下班时间。等到时机成熟能力够强能赚到钱养活自己时，就可以辞职了。

她点点头，说，你说得真的很有道理，我准备去报个英语班，下班反正堵着也是堵着，不如去练习一下口语，等不堵车再回家。

我说，你这样想是极好的。

几天后，她真的报了个英语班，又在周末报了个驾校，还报了导游证考试和每周两次的吉他班。

我以为她要崛起了，结果她就坚持了一周。一天晚上我给她打电话，问她在干吗。

她说，龙哥，我和闺密逛街呢……

我说，你今天晚上不是有口语课吗？

她说，哎呀，我已经学了一周了，今天给自己放个假吧！

我在电话里叹了口气，说，好吧。

几天后，我在朋友圈里看到她跑到北戴河玩去了，我留言说，你怎么又跑去野了？

她说，这是周末啊，所以我就high了。

我问，你不是周末要去考驾照吗？

她说，我提前了一天约车，没约到，这能怪我吗。

我说，废话，你就提前一天，当然约不到，你咋这么没自制力，你不知道提前约？

她说，好好，我错了，下次一定提前约。

一周后，我又见到了她，她把吉他班推掉了，说自己没时间上了，每天上完班就很累了，只想在家看看电影睡睡觉，于是吉他班就算了。

她以为我会心疼她说：你好不容易，来让我穿越人海拥抱你给你个么么哒……而我说的是：你这样，活该没自由。

一个人的自由和自制力是成正比的，就像一个学习成绩好的孩子老师不会管他，是因为他能很好地自制，他有严格的时间自控力。

我想起那年自己考驾照，我问教练，最快我要多久？

教官说，你要是顺利约到车的话，一个月也能下来，要是不顺利，就不知道了。

我问，什么叫顺利？

他说，就是尽量别周末，尽量要提前约。

后来，我几乎都是提前一周约，约的全部是早上别人起不来的时间，每天五点多爬起来去很远的练车场练车，很顺利，每天都约到，最后真的是一个月过了科目四，拿到了驾照。

这些年，我作为自由职业者，清楚地知道，人每天只有二十四个小时，这点很公平，无论你是穷人还是富人。当清楚这些后，我几乎没有睡过懒觉，也很少十二点前睡，每天除了写作，上课累了就跑跑步，然后接着看书、看电影，偶尔和朋友聚餐约会也是一定要把今天的任务完成。

我想起朋友说过的一句话：你可以熬夜打游戏，但你不能耽误明天要交的论文；你可以追一整天的剧，但你不能第二天旷课睡一天；你可以喝酒喝到天亮，但你不能不参加明天的考试。

如果没有自制力去管理这二十四个小时，去合理地支配这些时间，就不要去做自由职业者，让一个人管着自己最好。

这世界任何的自由都是和自控相辅相成的，没有自控力的人，就很难有自由，这就是监狱存在的原因。

这也是很多体制和单位里存在限制的原因。

我想起当年我在军校读书，一次喝酒喝到断片儿，因为我知道就算在学校里喝高，也有战友、队长把我抬回宿舍，人不会出问题。

后来被狠狠惩罚了一次，学校领导强烈反对甚至命令我们不能喝太多的酒。

当时就想，等我离开部队，一定要喝个天翻地覆。

后来我开始在北京闯荡，虽然喝酒次数很多，但从来没喝多，每次都是我抬着别人送他上车，不是因为我酒量好，而是我知道自己的极限在哪里，喝到那里我自然就停止了。

当人自由后，伴随的必然应该是对自己负责。

后来有一次和几个特别好的哥们儿喝酒，他们都劝我说，龙哥你多喝点。

我好奇地说，你们不应该说让我少喝点吗？

他们说，我们主要从来没看见你多过，而且你多了会自动停的。

说完，他们立刻劝另一个哥们儿，说，你少喝点。

因为那个哥们儿喝多了就耍酒疯，而每次都是不知不觉地就喝多了。

我记得《肖申克的救赎》里面有一个图书管理员，他在监狱里关了几十年，习惯了没有自由的日子，可当他重新获得自由时，他自杀了，因为一个被"体制化"久了的人，逐渐就不知道如何使用自由的生命了。

这是一个生命的悲剧，自己的生命，却不知如何去负责、如何去安排每天的二十四小时。

这些年，我见过许多成功的自由职业者，他们离开单位离开体制后，虽然自由了很多，虽然开心了不少，但他们反而更累了。他们有人在机场打开电脑，上飞机前还在给微信排版；有人见到许久没见到的朋友，还在朋友上厕所时打开手机查看邮件；有人一个月没有收入但依旧忙碌着，只是为了下个月那个大彩蛋。

不过当人没了保障，就会爆发更大的能量。

人不逼自己一把，永远不知道自己有多大的潜力。

人不能总是在温水煮青蛙的过程中，慢慢地变成废人。所以，自由是自己争取得来的，想要自由，就应该先学会自知自己的极限，自信自己的能力，自控自己的时间，自制自己的欲望。

愿我们都能拥有最宝贵的自由。

第二高的山峰
是什么？

━━━━━

◯ ◀ ▶

我们都听过这么一个故事。

一个老师问全班同学，同学们，世界上最高的山峰是哪座山峰？

大家异口同声：珠穆朗玛峰！

老师听完，满意地点点头，然后立刻问，同学们，那第二呢？

全班哑口无言，鸦雀无声。于是，老师笑笑说，你们看到了吗，这个故事告诉我们，每一个人在任何比赛和考试中，都要去争夺第一名，因为，第二名永远没人记得。

故事讲完了，励志吗？

好了，接下来，我想继续讲完这个故事。

两年前，我把这个故事同样说给了几个美国学生，你知道他们怎么回答的吗？

第一位同学：老师，为什么我们非要别人记得，自己尽力努力过不就可以了吗？

第二位同学：第一名只有一个人，如果都去争第一，那谁得第二？得了第二不是会难受吗？

第三位同学，对啊，第二难道不应该很开心，而且被表扬吗？

最后一个同学直接用现实反驳我，他说，老师，谁告诉你说谁都不知道第二高峰是什么，第二高的山峰叫作乔戈里峰，它的高度是八千六百一十一米，我暑假刚和爸妈去过。

他们的答案瞬间让我震惊了，忽然，我开始反思中国这么多年的"第一名教育"。这些年，我们不停地教育学生第一名的重要性，逐渐忘记了，这个世界上，任何比赛第一只有一个，可是第二第三到几百却是大多数；我们过分地去宣传高考状元，却发现很多高考失利的人竟然在今后的生活里也能出类拔萃；我们一味地去追求金牌，却忘了银牌、铜牌也是拿汗水与泪水拼搏出来的。

鲁迅曾经说过："我每看运动会时，常常这样想：优胜者固然可敬，但那虽然落后而仍非跑至终点不止的竞技者，和见了这样竞技者而肃然不笑的看客，乃正是中国将来的脊梁。"

这些小人物，正是这个国家最重要的组成部分，却几乎从来没有得到应有的重视，没有得到应有的褒奖和聚光，被莫名其妙地忽视和批评。

○◂▸

2016年8月，里约奥运会男子四百米自由泳比赛中，孙杨以0.13秒之差败于澳大利亚选手霍顿，获得银牌。瞬间，媒体铺天盖地的报道袭来，所有的标题，都在讲述着一件事情：孙杨失去了金牌。

这些报道让人不得不大跌眼镜，因为如果我写，一定会说，他得到了银牌，毕竟银牌已经很棒了，何况在此之前孙杨因为骨折耽误了训练，之后每天早起而且不停地恶补，就是为了奥运会能拼尽全力比赛。

更何况，本来比赛就不是为了别人，奥运精神更不是只为名次，为何要以冠军论英雄呢。

事后，孙杨接受采访，泪流满面，哭得一塌糊涂，哭得让人揪心，仿佛灵魂要被哭出来。

我不知道一个硬汉为什么会哭，但我明白，一定是他足够伤心或足够委屈，才会在这么多人面前流泪。

这些年，看孙杨的采访，媒体都在不停地强调他对金牌的渴望和决心，这一次次的暗示，就潜移默化地让大家觉得孙杨就等于游泳冠军。

我在微博评论里看到一句话，说他浪费了纳税人的钱。

瞬间我就炸了。

说这话的人得多无耻，牛×你自己去比。

这些年，我们用第一名和金牌的道德观绑架了多少运动员。

何况奥运会最重要的应该是精神，是不怕输、不怕累的精神，不是金牌，更不是奖金。运动员只要精疲力尽大汗淋漓，就应该受到重视和表扬。他们没有对不起谁，要说对不起，应该是媒体对不起他们。

孙杨没有对不起国家，没有对不起人民，我们看到了他尽力，明白了他的努力，仅此就好。

其实，所有参加奥运会的健儿都是好样的，你们为奥运会付出了太多，得到金牌我们为你们骄傲，得到银牌我们为你们自豪，就算什么也没有，我们依旧在赛场上为你们欢呼、为你们欢笑。

说回第一名的事情。

每个比赛都去争夺第一名，真的那么重要吗？

原来我在读书的时候，长辈总跟我讲木桶效应：他们不停地强调着我们一定要注意短板，有短板是装不了太多水的，所以，一定要全面发展。可是，现在这个世界真的是这样吗？

其实，并不是。

我们会发现，如果有短板，完全可以通过倾斜桶去保留更多的水，完全可以找一个更大的容器把自己放进去，也可以找一个木匠做一个密封套。

你会发现无论是牛人还是大公司，都会有自己的短板，有短板的时候不是要全力去把它变长，而是可以用合作的方式取长补短。

慢慢地我们发现，这个世界缺的根本不是第一名，要的不是全面发展，需要的，是你的不可替代性。

这些年，所有的媒体都在报道高考状元，仿佛他们就是人生的赢家，仿佛考试第一名是人生的最终目标。

但事实呢？

这些年，我们惊奇地发现，一些人学历不高，却靠着自己的一技之长和不可替代性，在这个世界崭露头角。他们没有考过第一名，甚至都不是老师眼中的好学生，有些人连学历都没有，竟然通过自己的努力改变了这个世界。

这意味着什么？

意味着这些年我们总是强调第一名的教育观，是错的。我们不停地给学生划阵营，说这些人是好学生，那些人是坏学生，也是错的。

每一个学生，每一个人，都有自己的独特性，真正的教育，根本不是发掘人的第一，而是发现人的唯一。

随着互联网的发展，这个世界的分工会越来越细，任何一个人，无论学历高低，无论读书多少，只要能在自己擅长的领域里插上一面旗帜，就是第一名，就是冠军，就应该被关注，被表扬，被重视。

每一个冠军的背后，都有更多的人，每个人完成更细的分工，他们也是冠军，也是自己领域的第一名。

就像一部电影的成功，不仅是导演的功劳，也有编剧的剧本、演员的投入，还有无数幕后的工作人员，他们共同做好了本职工作，虽默默无闻，但你能说，他们不重要吗？

他们也是英雄，虽然不是第一名，但也应该被重视。

愿我们的教育里，少用第一，少表扬冠军，多用唯一，每一个参与过比赛、每一个坚持到最后、每一个努力过的人，都应得到体面的重视。

这一生，
为音乐而活

○ ◂ ▸

刚认识徐哥的时候，我在电视台录节目。我演讲风格多变，时而搞笑，时而深情，主持人把舞台交给我时，一开始我非常紧张，可是讲着讲着，我放松了下来，仔细一听，竟然演讲时还有伴奏，而这伴奏，竟然随着我的演讲内容，无缝地衔接切换着。

演讲结束，趁着主持人还在讲话，我看了看旁边的音乐老师，一个年近四十、穿着一套嘻哈服饰、斜戴着帽子的键盘手，目不转睛地盯着台上，手里还在不停地按着键盘找着音域，来迎合台上嘉宾讲的内容。

我心中不禁佩服，反应真快。

节目结束后，我留下来给现场嘉宾签字，一位女士走了过来，她递来一张名片，说：你好，尚龙，我是键盘老师的爱人。我想，你们应该很谈得来，加姐一个微信，我们后面再约？

的确，茫茫人海中，相见是缘分，每一个路过的人，都可能会擦出火花，何况是彼此欣赏的两人。于是，我拼命地点头，说，好，一定。

我加了徐哥和姐的微信，姐经常给我点赞，可是徐哥很少理我，后来才知道，徐哥天性内向，不善社交。

他是我手机里面加的第二位音乐人。

第一位音乐人是我在酒吧里认识的一位歌手，她白天有工作，因为酷爱音乐，晚上去酒吧里唱歌，长期熬夜让她身心俱疲，可这一唱就唱了三年。三年后，她的身体出现了问题，内分泌紊乱，父母批评她没有做好本职工作，亲戚催她结婚，朋友听说她晚上在酒吧唱歌总流露出奇怪的表情。三年后，她辞掉酒吧的工作，结婚生子，过上朝九晚五的生活。

后来，我时常看到她在朋友圈里晒自己的孩子活蹦乱跳，只有夜深人静时，她才会转发一些音乐和旋律，配上两句鸡汤。

我能感觉到她的不得志，所以曾跟她聊过，你既然这么喜欢音乐，为什么不坚持下来？

她说，因为年纪大了，所以现实了。而且，又有多少人能够坚持下来一项没收益的爱好呢？

她说得对，这个行业很难，群众看到的，往往是舞台上耀眼的明星和台下挥舞着的荧光棒。可是，又真的能有几个人变成周杰伦，有几个乐队能成为五月天？大多数人，不过是默默地爱着音乐，有些甚至连温饱都无法解决。

许多音乐人在盗版横行和唱片衰退的年代里挣扎着。在大多数人认为听音乐不用给钱的日子里，大多数音乐人有两条路：要么坚持，一贫如洗；要么改行，当作乐趣。

许多人都放弃了，坚持下来的，是极少数的人。

徐哥，是我朋友圈里第二个音乐人，他坚持了下来，虽没名气，但过上了体面的普通人的生活。在见面前，我一直很好奇，他是怎么坚持下来的，是有钱，还是有背景，或者，他有什么样的故事，让他发着光。

○ ◄ ►

那天，我去了徐哥的工作室，徐哥不善言辞，只有姐在不停地讲话。她跟我介绍，这里是录音棚，这里是琴房，这是当年他们做的黑鸭子的乐队专辑，这位歌手因为当年没有火已经不唱歌了……我忽然问了一句，哥，这设备挺贵的吧？

徐哥笑着说，这儿不是我的地方，这儿是我的一个老师租给我录音的地方。这位老师，现在开了一家火锅店，靠火锅店养音乐。

我看着那些许久没见过的光盘，不知为何，忽然像穿越了一样。我问徐哥，这些光盘还有人买吗？

他笑着摸摸脑袋，说，现在时代变了嘛，谁还买唱片啊，都在网上下载呢。这些都是我们那个年代的记忆，那个时候要是准备出一张唱片，真是一晚上都激动得睡不着觉，太兴奋了。

我说，当年卖唱片赚钱吗？

姐摇摇头说，很难，因为稍微火一点的歌手，唱片还没出来，就已经被盗版商盯着了。一般市场上，盗版的比例比正版的要高很多，而人们又很少去买正版光盘，所以不赚钱。

我问，不赚钱为什么还要做呢？

徐哥沏了一杯茶，说，因为喜欢啊，那个时候穷得像个鬼一样，就是喜欢做音乐，做着做着发现什么也不会了，就只会做音乐，不坚持就不行了，因为没有后路。现在有了孩子，想换轨道，也就来不及了啊。

姐听完这段话，像话匣子被打开一样。她说，尚龙啊，你徐哥年轻的时候，跟你很像，做事情有那种特别投入的感觉，超有魅力，无数小姑娘朝他身上扑。

我笑着说，最后这条还真的跟我不一样，我基本上都是扑别人。

姐笑着说，你哥不怎么喜欢说话，但我觉得，你们可以碰撞出一些火花。

徐哥听得有些尴尬，就笑着说，尚龙，咱们喝酒去吧，别听你姐唠叨。

姐起身，一巴掌打到了徐哥的身上：我多说两句你还有意见了是吧。

徐哥忙说，不敢不敢。

他们秀幸福的样子，就像他们刚见面的时候，初心未变，至今依旧。

○ ◀ ▶

徐哥小的时候就很喜欢音乐，他非常有天赋，能很快地把新歌的谱子写下来，听了两遍就能唱出完整乐章，虽然没有接受过正规的训练，但能很快记住旋律的本事让很多高中同学都跟着他去学歌。

高三那年，老师找到他，跟他说了那句长辈都酷爱的一句话：小徐啊，音乐不能当饭吃啊，马上要高考了，你还天天挂着个耳机。咱们河南高考本身就人口多压力大，你这样不去好好学习，以后怎么办啊？

徐哥说，老师，我想以后做音乐。

老师冷笑了一下，说，你觉得自己以后能成为黎明吗？

徐哥摇摇头，说，我不想成为黎明，他唱歌跑调。

老师说，你这样臭贫，不思进取，有意思吗？你要知道，只有高考，才是最后的出路，你不要总是想这些不切实际的，要脚踏实地……

一顿狂轰滥炸后，他从办公室出来，不但没有被打击，反而坚定了自己做音乐的想法。他把自己要考河南大学音乐系的计划告诉了父母，没想到的是，父母同意了。他们说，既然决定了，就去考吧。

高考结束后，他出了分，没有考上河南大学音乐系，被调剂到开封师专音乐系，这个学校的前身是河南省立开封艺术学校。徐哥很满意自己的学校，想，能做音乐就好，其他不重要。这四年里，他比别人都努力，自己作曲写歌，每天不是在琴房就是在教室，毕业后，他留校当老师教音乐，一当就是两年，日子过得稳定踏实。

一次偶然的机会，他的一个朋友跟他说，你想不想去北京打拼，一个唱片公司在招音乐人。

那时，广州的音乐热已经开始退烧，北京有很多做音乐的公司正在崛起，许多乐队开始崭露头角，国外的音乐流入中国，被改编后变得本土化。零点乐队、黑豹乐队，都是那个时候的佼佼者，音乐热在北京烧了起来。

徐哥想了想，自己反正也没有成家，没有可担忧的，既然年轻，就应该去外面看看，去闯一闯。几天的纠结后，终于，他辞掉了自己稳定的工作，只身一人北上。

后来，徐哥跟我说，幸亏他辞职了。当时他的很多朋友贪图稳定不愿离开，他刚走两年，2000年6月，学校并入河南大学音乐系，很多老师，要么被裁掉要么被迫更换轨道。而他这一走，看到了更大的世界。

他兴致勃勃地来到北京，风尘仆仆地背着一包一琴，那是他所有的家当。他租了一个地下室单间，地下三层，厕所厨房共用，一个月八十块钱。那时的北京，房价还不像现在这么贵，但八十块钱一个月也压得他够呛。他看着北京的高楼大厦，心想，北京我来了，我要在这座城市崭露头角了！

可是，梦想总是会在现实面前碰壁。

第一天，他去那家公司面试，面试官问他，你来面试什么？

他说，面试歌手。

面试官说，那你唱两句。

徐哥清了清嗓子，刚唱了两句，马上被人叫停，说，你拉倒吧，你这还歌手呢？你这水平也就在你们那里还可以。

徐哥说，那我会弹琴。

面试官说，那你弹个张学友的《祝福》吧。

徐哥摇摇头，说，张学友是谁？

徐哥说，那时真的一首流行歌曲都不会，明星一个都不认识。你想，我们那个地方连电视都没有，我去哪里知道张学友啊。

面试官也摇摇头，说，你要不考虑做文案，我们这儿的文案工作，是个人都会做。

徐哥摸摸脑袋，说，可，可是我想做音乐啊。

那人说，你要不来做文案，要不赶紧放弃吧，你不适合做音乐。

这件事情让徐哥备受打击，他转身离开，迷失在偌大的北京。他背着琴，走回了出租的小房子，忽然，泪如雨下，挫败感倍增。他开始迷茫，自己的未来，何去何从。

○ ◀ ▶

一次偶然的机会，他看见一个叫"水晶乐队"的在招键盘手。

那时乐队从贝斯手、吉他手、鼓手到主唱齐全，就差一个键盘手，徐哥鼓起勇气毛遂自荐。在他之前，他们已经面试了许多键盘，都因为各种原因被淘汰。

他们看到徐哥，队长问，哎，你能吃苦吗？

徐哥拼命点头。

队长继续问，那你弹一个。

徐哥放下琴，打开后立刻弹了一首经典曲目。

队长点头，然后问，你会弹什么流行曲子？

徐哥说，我会得少，但我会学谱，而且学得很快。

队长看着他，点燃一支烟，不知是被他的诚实感动，还是看他外地来的不容易，说，这样，没钱，管吃管住，每天十个小时以上排练，能就来，不能就算。

徐哥拼命地点头，说，没钱就没钱，我要来要来！

那是徐哥第一份"工作"，没有收入的工作，吃饭都是在机场的食堂，睡觉在集体宿舍，乐队其他几人不是富二代就是不愁吃穿的北京孩子。只有他，一无所有地来到北京，连打电话都要算着时间。

每天，他去工作室最早，把曲子练熟，还帮吉他手和贝斯手把乐谱写出来，乐队省了很多工夫，很快，他们接受了他。

一次次的排练，徐哥会了很多流行、经典的歌曲，将近一年的苦练后，他们开始去酒吧演出。那时，后海的酒吧还没有那么多乐队，每个乐队都是为了音乐唱好每首歌，后来他们以"火柴盒乐队"自居，因为唱歌质量高，在后海酒吧街无人不晓。这样的生活过了两年，白天排练，晚上表演。每次演出，虽然钱少，但他喜欢在台上的感觉，有一种被音乐环绕的喜悦。

他以为这个乐队可以持续一辈子，等到他们老了，还能一起合唱一首属于自己的歌。可是，就像许多乐队的结局一样，乐队无疾而终。

　　鼓手和女歌手恋爱了，于是，乐队所有的矛盾，鼓手都坚决地站在歌手身边，无论是生活还是艺术上。这样的矛盾，在乐队中慢慢升级，变成了无法忍受的锯子，锯裂了这个已经磨合了几百首歌的乐队。

　　一段时间后，歌手带着鼓手脱离乐队另谋出路。之后，队长又面试了很多鼓手，没有一个合适，没有一个合拍的。终于，在那天晚上，队长把徐哥叫了过去，他打开一瓶二锅头，给徐哥倒满，说，兄弟，我们的缘分到此为止了。今天，这个乐队就要解散了，你赶紧找工作吧。

　　徐哥喝完了杯中酒，眼睛布满红血丝，第一次明白了离别。他流着眼泪说，谢谢你，这两年，谢谢。

　　他不知道如何才能表达出感激，最难的两年，他在这个乐队里，解决了温饱，还学会了弹奏几百首歌。

　　队长眼睛也红了，此前，他刚送走了乐队另外两名成员。

　　徐哥说到这里，眼睛红了，喝完杯子里剩下的酒。

　　我问，徐哥，后来，你还见过那些人吗？还是再也没有联系了？

　　徐哥说，会经常发短信，也会见面。毕竟，被音乐联系在一起，总会因为旋律响起而想到对方，这种纽带，很难铰断。

◐◀▶

　　徐哥开始出入各种酒吧，他要谋生，要在这个大城市活下来。他不能回家，因为不知道回家还能做什么，他只想做音乐，想当一个合格的音乐人。

　　第一个晚上，他当歌手，连唱了四个小时，嗓子冒烟。第二个晚上继续这么唱，人几乎废掉。

　　后来，他跟酒吧老板说，我不唱了，只弹键盘就好。

　　酒吧老板说，你要唱就唱，不唱你就滚蛋。

　　夜场，永远是一个黑白势力共存的地方，他不敢得罪老板，于是收拾行囊离开后海。后来，他认识了一些乐队朋友，又组成了一些临时乐队，其中一个就是现在叱咤后海响当当的"火柴盒乐队"。只可惜，现在乐队名字还在，成员都变了，早已物是人非。

　　这些乐队时常带着他一起去酒吧赚钱，他们从后海唱到通州，从通州唱到顺义，唱遍了北京城。

　　就这样，他白天给朋友做一些音乐，晚上去酒吧给人弹琴，一个晚上能赚五百块钱。弹完琴很累，跟朋友吃顿夜宵就花掉两百多，平时租房吃饭打车做音乐也要花钱，很辛苦，几乎没有什么积蓄。父母时常打电话给他，他要么在睡觉，要么在写歌，打开手机时，也就草草地发一条信息：我很好，请放心。

　　每个北漂，都有过坚强的夜晚，只是徐哥的夜晚，无比长。

那时很多在酒吧演奏的音乐人白天都会睡个天翻地覆，他不一样，他白天待在自已租的房子里，哼着调写着歌。直到今天，许多歌曲已经变成了电视主题曲，变成了广告的背景音乐，变成了人们耳熟能详的旋律。

他就这么一直在酒吧唱歌，直到有一天，他看到了一个姑娘。

那个人，就是他现在的老婆。

那时，这个姑娘长期出现在各大夜场，风靡三里屯和后海。她喜欢听歌手在台上唱歌，每次她买完酒，就坐在离乐队最近的地方，听着他们的歌，然后喝上满满的一杯。一首歌结束，全场稀稀拉拉的鼓掌声中，只有这个姑娘的鼓掌和尖叫是最人的。

那天，她在台下一直盯着他看，他看见这个姑娘一直看着他，看得他火辣辣的。演出结束，他收起琴，低着头，准备出门。姑娘径直走过去，冲着他们乐队说，你们要不要喝一杯，吃个夜宵？我请客。

那天，姑娘特意坐在徐哥的边上，时不时挑逗性地看着他的眼睛。

徐哥把头低着，恨不得躲在桌子下面，偶尔抬起头，用余光看着这个迷人的姑娘。

姑娘开始每天晚上下了班都等着他，无论他跟哪个乐队在哪个地方唱歌，她都跟着，等徐哥唱完，跟他吃一顿饭。她是一名导游，家境良好，除了跟团，其余时间都很自由。

很快，他们开始恋爱，她下了班就来找他，听他弹奏，听他唱歌。徐哥不说话，只是抱着她，默默地哼，轻轻地唱。他爱她，这是他第一份爱情。这段爱情，有音乐做纽带，这种纽带，很难剪断。

徐哥说到这里，很幸福的样子，他说，抱着最爱的姑娘去唱歌，是我那么多年的梦想，那一刻实现了。

姐在边上，笑得很幸福。

那天，姐问他，你写了这么多歌，为什么不给我写一首？

徐哥说，因为我怕写不好，写给你的，应该是最好的，因为想要最好，所以很难下笔。

姐说，不写就不写，哪儿来那么多破理由！

徐哥抱着她，面前是自己最爱的琴，她胡乱地按着黑白键，接着慢慢闭上眼睛睡着了。他抱着她，看着她的脸，看着她睡着的样子，然后小声地说，等结婚那天，我要为你写首歌。

姐忽然睁开眼，说，你说的，我可听见了，哈哈哈哈。

几个月后，他们结婚了。结婚当天，徐哥为姐写了一首歌，他不肯给我听，因为那是属于他们两个人的旋律。

这世界上，只有他们两个人能听到的音符。

○ ◄ ►

婚后，徐哥离开了酒吧，开始投简历，进入电视行业配乐，而姐也很少出门，就在家里陪着徐哥。徐哥的话依旧很少，姐的话依然很多。

他们一起在北京房价没那么变态时买了一套郊区的房子，付了首付，然后生了一个大胖小子。如今，我坐在他们面前，手上拿着一瓶啤酒，看着他们的幸福，忽然想到一句话：我努力十年，才能过上正常人的生活。

而徐哥就是这样的人，他努力了这么多年，只为了过上正常人的生活。幸运的是，他过上了正常人的生活，而且，他没放弃自己最爱的音乐。

现在，徐哥不再去酒吧了，他有了自己的公司，时常跟组去电视台，为节目伴奏，为电影写主题曲。他的键盘弹得很好，这些年他的生活全部寄托在了黑白键上，那里有他的青春，有他的爱情和一无所有时的奋斗。

姐说，尚龙，你想和徐哥一起写一首歌吗？你写词，他写曲。

我说，哥，那就叫《回不去的流年》吧。

他眼睛忽然亮了，说，好啊。

后来，我在徐哥的录音棚待了好多天。我们一句句地改，一个字一个字地碰，半个月后，这首歌成型。这是我第一首歌，我写的词，他写的曲，我们跟着他的键盘合唱。

记得歌曲完成后，我问徐哥，如果青春再过一次的话，你还会做音乐吗？

他说，青春再过一次的话，我能做的，就是把音乐进行到底。

有些人，虽然没有功成名就，没有权倾朝野，但他努力地活成了一个体面的普通人，谁说这样不伟大呢？

后附徐哥唱的歌曲《回不去的流年》的歌词。

主歌1：

校门口的小店，学生无忧虑的脸，想起那时候与你最美的邂逅。

在学生宿舍楼下宿管责骂你晚归的场景，曾经很厌倦，如今却觉得很亲切。

墙上的毕业照，纯真无邪的眼，记得毕业那天，想留在你身边。

当初以为毕业还很远，一转眼过了流年，你是否怀念，教室到食堂的路线？

副歌：

我知道时光不会回去，就像人终究会老去，但我心里始终有你，像一无所有时爱你。

曾经的爱情，曾经的朋友，曾经的梦想不曾远去。清晨的光明仍是我追逐梦的原因。

主歌2：

独自加班的夜，你是否很疲倦，黑夜充斥我双眼，想起你的笑颜。

以为幸福是山珍海味，如今恍然发现，原来幸福是在学校与你共餐的小店。

副歌：

我知道时光不会回去，就像人终究会老去，但我心里始终有你，像一无所有时爱你。

曾经的爱情，曾经的朋友，曾经的梦想不曾远去。清晨的光明仍是我追逐梦的原因。

微信扫描此二维码，试听《回不去的流年》

姑娘，你活得
太谨慎了

　　我和小方认识了八年，姑娘什么都好，唯一的缺点，就是无论发生什么，每天都必须天黑前回家。

　　你可能会说，这算什么缺点，女孩子就应该早点回家。

　　没错，你每天都可以做一件事情。但如果总是循规蹈矩，养成习惯，甚至都不记得为什么，丢掉的，一定是生活中的彩蛋。

　　小方品学兼优，长得还很美，按道理不应该是单身，但问题是，这些年一直没有男朋友。有次我很诧异地问她，你是因为看不上别人还是压根就不喜欢男人？

　　她说，我怎么可能不喜欢男人呢，这不没人追我嘛！

　　我说，别扯淡了，怎么可能？

　　她说，真的，我也没有感受过那种干柴烈火的追求，可能最多也就是有人给我发发短信，这算什么表白？

我说，可你从来不给人机会啊！

她说，我怎么不给人机会了？

我说，你每天一到晚上就必须回家，就好像全天下的男人都是流氓，都要对你做什么似的。何况大多数的社交都在晚上，好男人白天基本上都在工作，闲暇时间都在晚上。虽说晚上出来的也有流氓，但你这一棍子打死的结果最后就是谁都是坏蛋。

她叹了口气说，反正我觉得晚上出来不好。

的确，每次我们聚餐，她都是走得最早的一个。我问她，我们几个认识八年了，你还不放心我们吗？

她说，不是不放心你们，是从小我爸妈告诉我，女孩子一个人晚上在外面不安全。

我说，可是你不是一个人啊。

她笑笑说，我还是回去吧，你们玩得开心。

她今年二十八，没有一次，她和异性晚上出门。这样的生活，是否太小心谨慎？

久而久之，我们觉得她扫兴，也就不叫她出来了。

其实这个世界的运转模式应该是这样：当遇见一个陌生人，应该把他的初始模式设置为好人，然后用好人的方式跟他去交流，而不应该一开始把每个人都当作坏蛋，然后不停地防备着。这样的生活，太谨慎，太无趣，反而很难遇到真心的朋友。

尤其是年纪轻轻的日子里，体验和经历比循规蹈矩重要得多，去寻找自己和世界的尽头，更重要。

你可能会说女孩子和男孩子不一样。

但我想说，如果你非要因为这个而放弃远方，你会发现"我是个女孩子啊"这个借口能放在所有场合。

我想起曾经有一个女孩子，晚上跟爸爸一起喝酒，爸爸刻意喝了很多，然后把女儿灌醉。女儿倒在床上，父亲看着女儿，然后在女儿枕头边放了一张字条：女儿，这就是你的酒量，你要知道下次不得不应酬时，到这个时候就应该停止了。

父亲在帮女孩子去测量她的极限。

可是，很多时候我们都没有机会去找父亲测量自己的极限，许多极限，我们要自己测量。

所以，每一条路，都有着自己的理由。

无论是女孩子还是男孩子，性别都不能成为你活得太谨慎的理由。

至少在青春岁月里，总应该有突破循规蹈矩的日子，总要有打破朝九晚五的时刻。

我想起另一个姑娘小怡，我们见过三次，因为十分聊得来，虽不是百分百了解，但每次都很尽兴。

有一次我和另外两个男孩子准备去西藏，头一天在路上看到了她。她问我干吗去，我说准备明天去西藏，买点药做防备。

她说，你们好爽啊，竟然要去西藏了。

我开玩笑地说，要不要跟我一起去？

没想到的是，她说，好啊！

然后她买了第二天的票，几乎花光了她所有的积蓄。走在机场的路上，我问她，你这是辞职了吗？

她说，没有啊，我到了西藏再和领导请假吧。

我们到了西藏，登上雪山，忽然手机没了信号。我问她，你这手机没有信号还不请假，合适吗？

她说，管他呢，谁叫姐年轻呢。

后来，她回到北京，被领导骂了一顿，说她无组织无纪律，我还因为这事跟她道歉。

没想到，她笑着说，我这辈子可能会有很多次工作的机会，但是说走就走的旅行，估计就这么一次，至少，我体验过了。就一个字：爽！

我想多年以后，她或许不会记得自己的老板是谁，也不会记得那几天工作中做了什么，但她一定会记得这次说走就走的旅行，记得年轻时打破朝九晚五的常规，做了不顾后果的决定。

就像你会记住初吻，会记住第一次牵手，会记得第一次和父母顶嘴，会记得第一次背井离乡。

这些，都是突破自己的重要时刻。

你要明白，世界很大，你要学会自己去一点点地探索。

所以姑娘，假设明天是世界末日，你会发现每个人虽然起点不同，但终点都是一样的，那么人和人的不同，就看你怎么活。

你不应该只是过着上学、毕业、结婚、生子的循环日子，你值得更好的生活。

其实所有看似作死的故事，在别人眼中或许不过是一段平凡的经历。

但就是这些经历，能让你更稳重更成熟，对这个世界有更好的诠释和独到的见解。

不要把"我是姑娘"作为拒绝所有新鲜事物的理由，人家也是姑娘，但为何能把世界活得那么精彩？每个人的青春，都应该有自己特有的经历，别怕和别人不一样，毕竟，每个人都那么不同。

所以，姑娘，不要活得太谨慎，要保持一颗探索未知和追求远方的心。愿你能把日子过成诗，把生活过成词，把每天当作歌，然后用青春把它用心地唱完。

大不了
大器晚成

━━━━

我教了四年的英语，每次在上课报名前，就会有无数个学生问我：老师，现在报名还来得及吗？

之前我还会鸡汤一把：只要努力，一切都来得及。

后来，直接变成了巴掌：孩子，我说来不及了，你还会继续学吗？

孩子点点头，说，反正没退路了。

我点点头，因为，既然没退路了，就只能往前了，最坏的结果不过是大器晚成。

分享个故事。

去年的5月底，还有十几天就四六级考试了，一个孩子在微博上跟我私信，说：老师，还有十多天就考试了，我真题还没做，单词还没背，现在还来得及吗？

当老师这些年，我隐隐约约地知道来不及。因为都快考试了，单词还没背，这不废了吗？

我本来想跟语重心长地跟孩子说，重在参与。可是，他焦虑的语气让我下不了嘴去刺激他。

于是，我说了这句话：从现在开始，不留余力地努力吧，结果不重要，大不了大器晚成。

这十几天，他每天背几个小时的单词，然后做几个小时的真题。后来出分，果然和励志故事不一样，他差了四十多分。

他留言给我，说自己差四十多分，现在心灰意冷，失去希望了，不再考了。

我问他，别灰心，上一次考了多少。他说，差了八十多。

我笑笑，说，至少进步了。那你还考吗？

过了一段时间，他回复我，考。

后来我在班上看到他的ID好几次，他几乎每天都在跟直播，也时常课后问问题。这一次，他从7月份暑假就开始准备，一直跟到了12月最后的模考班，五个月，大汗淋漓。

前几天，成绩出来，他考了五百五十分。

这个分数，就算拿到英语专业中也是非常不错的成绩。很难想象这一路他有多么努力，也很难想象他遭遇第一次挫折后如何调整好状态重新备战。

我只知道他跟我晒英语成绩时有多喜悦。现在，他养成了每天读英语的习惯，养成了每天背单词看美剧的规律。别人还没反应过来的时候，他已经开始了六级的备考。

我让他写几句话给学弟学妹们，他说，早点准备，多给自己点时间，还要相信自己没问题。

他接着说：其实，只要开始，永远不晚，因为大不了大器晚成。

年轻的时候总会不停地焦虑，而打败焦虑的最好办法就是立刻着手去干，不拖延地迈出第一步。

我不同意慢慢来一切都来得及，而认为该出发的时候，一定要出发，该行动的时候，绝对不要拖延。

做任何的决定，都不要嫌晚，尤其是最青春年少的时候。

这世界总是这样，当你想做一件事的时候，拖着拖着，就变成了梦想，很多事情，哪怕不成功，毕竟还有下次。

你要相信，命运总会给努力的人一个恰如其分的安排，大不了，不过是大器晚成。

所以，想见一个人，就打电话给她；想学英语，就开始背单词；想去旅游，就从今天起存路费……

没时间去抱怨的，更别问来不来得及，很多地方，走着走着，你就会发现并没那么难到达。最差的结果，不过是晚一点看到路上的风景而已。

何况，上帝又怎么会辜负一个努力的人呢。

Stand

Out

Or

Get

Out

你要么出众，
要么出局

远离
精神上的"穷人"

03

真相背后
的逻辑

——

○ ◀ ▶

人是通过故事对这个世界产生了解的，故事矛盾点越多，坏人越坏，故事越好听，就越能加深你对这件事情的了解，越能加强你对这件事情的评价。

可是，真相是这样的吗？

分享一个身边的故事。

我的一个女性朋友那天在生日派对上忽然哭到泪奔，说男朋友把她甩了，她鬼哭狼嚎着，我们在一边心疼。朋友问：是他出轨了吗？

女孩子点点头。

我们异口同声地说：渣男！

好了，故事讲到这里，你会怎么评价？

"渣男和善良女孩分手了，这男人真无耻，垃圾！"

可是，真相是什么呢？

几个月后，我见到了这个男孩子，他的叙述更加让我震惊。他说，他总是看见这个女孩子和前男友打电话，甚至出去玩，他心里难受得很，然后多次跟这个女孩子沟通说自己不舒服。可是这个女孩子呢，只是每天说：我们没有关系，只是好朋友，他最近刚失恋了，需要我陪伴。

他说，后来我提出了分手，她不同意，我没管，只是铁了心分手了，一个月后，就有了另一个姑娘走进我的世界。我释怀了。

故事讲到这里，我想你的评论又来了：原来是个渣女，吃着碗里看着锅里，活该被甩！

等等，就是真相了吗？

还不是，又迎来了一些问题：女孩子为什么要和前男友见面？是男生对她不够好吗？男孩子为什么在一个月内就找到了真爱，是之前就在做铺垫吗？

可是，这些细节，除了当事人之外，我们无从得知。但人们习惯于从道德层面去简单地评价这复杂的故事，评论来评论去，最后的结果，就是离真相越来越远。

于是，直到今天，女孩子的朋友还在说那个男生是个渣男，男孩子的朋友直到今天还在调侃这个女孩子是个"怀旧的婊子"。

我之前跟一个剧组时认识一个导演，导演不停地跟我说，这个制片人是个傻子，总共三百万元投资，他要从中拿走三十万元，不拿还不给我们制作费，想钱想疯了，道德品质败坏。

另一个导演说，他这个家伙在行业里出了名地贪心，据说在北京已经有一套房子了，还这么贪，早晚被电影圈封杀！

后来我遇见的人，几乎都不怎么看好他，风凉话都是从他爱钱如命开始说起的，然后指责他道德败坏。

可是后来我遇见了他，跟他喝了一次酒，喝得挺大，他告诉我：他有一个弟弟病重，一个妹妹要读大学。父亲很早去世，母亲没有工作，他只能一个人养家。这些年一个人在北京不容易，虽然很多人骂他贪心，但想到他的弟弟，自己无憾。

他说到这里，眼睛就红了，那是我第一次看到一个爱钱如命的人哭成这样。

也就是从那时起，任何一个从道德上评价别人的话题，我都会格外谨慎地参与，因为评价一个人的道德简单，但背后的逻辑、真相的细节，却复杂了许多。

写到这里，我开始感到"真相"两个字的厚重。

○ ◀ ▶

这些年，我一直提醒自己一句话：凡事要么证实，要么证伪，要么存疑。

这个价值观的逻辑是：在这个时代，真相很难捕捉，每个人都对真相有着复杂的理解，我们很难知道真相，唯一能做的，就是通过调查、分析，无限逼近真相。所以，负责任的态度就是不要妄加评论，调查取证后，再去下结论。

在调查的过程中，每个人都会发现，真相根本没有那么简单，甚至每个人都对真相有着自己的理解。随着信息量增多，人也就更容易理解别人了。

当人们明白这些东西时，才是人开始成长的刹那。

现在我不太敢在网上写什么东西，因为网上的戾气太重，什么观点总会有人在评论攻击，有些人甚至没有读完你的文字。

可所有的谩骂，都起步于误解，止步于愚见。

就比如这些年的微博上，我们一直在痛骂这个出轨，斥责那个骗捐，骂得不堪入目，却很少有人愿意去了解背后的逻辑。

有人说，那我信息不全啊，当事人也没给我们公众信息啊，我怎么去了解呢？

那么，在不了解别人生活的前提下，学会沉默，也是一种尊重。

世界上还有这么多事情要去做，为什么总是在不了解真相的前提下，恶语相向，总是为别人的事情操碎了心？这样的世界怎么会变好呢？

我想，在这个快速发展的世界里，所谓的真相可能越来越不重要，重要的是真相背后的一整套逻辑，以及你自己对这套逻辑的理解。

这些，更需要一个人去读书，去思考，去咨询，去请教。

那样的人，一直在路上，每天都对新鲜和不明白的事物充满着好奇，他们一直在学习，就永远不会自以为是地妄断是非。

喜欢妄断的人，往往妄自菲薄。

而承认自己无知的人，才能走得更远。

《人类简史》这本书告诉我们，人因为知道无知，才能看到更广阔的世界。

愿我们都能认识到这些，青春无悔。

真正的教养，是去包容
跟你不一样的人

○ ◀ ▶

那是我第一次去跑马拉松，一场拉锯战，需要无比强大的内心和激情才能完成的比赛。

起点处，主办方为了振奋选手的精神，现场放出了雄赳赳气昂昂的歌曲。接着，现场所有人都燃了起来，仿佛在给自己加油。

然后，喇叭里又放起了国歌。这时，台上的一个人大声地喊中国加油，台下齐刷刷地一起喊中国加油，地动山摇。

身边有一个男生一直没喊，不知道是心情不好，还是一心想拿冠军。

喊着喊着，忽然一个哥们儿大叫了一声：打倒小日本！我以为是开玩笑，可是，周围竟然齐声声地喊：打倒小日本！打倒小日本！震耳欲聋，仿佛要上战场。

这种加油的方式让我感到恐慌，我打了一个寒战，心想：这跟小日本有什么关系？你跑个马拉松干吗要打倒小日本？

但因为大家都在喊，我也跟着一通乱喊，喊完忽然发现自己充满了力量，仿佛鬼子就在前方，我拿起砍刀要与他决一雌雄。

喊声刚刚停息，旁边一个人，瞪了那个一直不说话的男生一眼：你歌也不唱，抗日口号也不喊，你这人怎么这么不爱国啊？

男生刚准备解释，那人说完，扬长而去。

他一句话，把我说蒙了，一路上都在想这背后的逻辑，百思不得其解。

虽然不了解其中的逻辑，可是我怎么也莫名其妙地被煽动了起来。而且，那时我真的也想对他吼一句：为什么不跟着我们喊啊！

安静下来一想，猛然发现不对：毕竟，一个人来参加马拉松，是为了强身健体，是为了拿得名次，为什么非要跟着喊口号，叫嚣着打倒别人来表达爱国？

就算他不喊不唱，也是他的自由，每个人都有选择的权利，你又从哪里得到的逻辑，说他不爱国呢？

更何况，跟大多数人不一样，就不爱国了？

这是什么逻辑？

○ ◀ ▶

　　人长期被统一化，被集体化，被煽动，被道德绑架，就会失去自由意志，失去多样性，失去批判精神，然后听不得不同的声音。人越多，情绪越高昂，离真理越远，然后越见不得不合群的人，越听不得不一样的声音。

　　几乎所有的独裁者，都是这么过分集体化的。

　　我曾经看过一部著名的德国电影，叫《浪潮》，该片改编自德国小说家托德·斯特拉瑟的同名小说，讲述了高中教师赖纳·文格尔通过课堂实验的形式带领学生体验法西斯独裁制度的故事。

　　在一个班上，老师问大家，你们觉得二战后的德国还会有独裁的事情吗？同学们笑着说，当然不可能。

　　接着，老师开始做了个实验，他先制定了一个规矩：上课发言一定要提前举手，老师同意后，才能站起来回答问题。你可能觉得很正常，咱们中国不都这么丁的嘛。但要知道，西方的教育下，教师和学生的关系非常平等，上课要站起来还要举手回答问题的事情很少见。可是，规则一旦被制定，就一定会有人服从，而且，权威（老师）制定的规矩，服从者就变成了大多数。有极少数不服从的，很快就会被驱逐出这个团体或者被群起攻之。久而久之，这个不成文的规定，就变成了每个人都要服从的"天性"。

　　接着，老师让每位同学都参与投票，投出这个团队的领导，并且对他无比顺从。毫无疑问，投出的这个领导，是老师自己。一个组织性纪律性严明的机构，加上一个服众的偶像，等级分明，教义明确。于是，法西斯专制的气息，就开始蔓延了。

接着，老师让每位同学都参与进来，他们开始统一着装，组织开始有固定的名字，叫"浪潮"，开始设计组织的标志、设定打招呼的手势。

当这一切都完成时，这个组织，就已经很成熟了。接着，他们开始反对所有跟自己不一样的人，反对提出不同意见的人。更重要的是，他们强迫别人做跟自己一样的手势，如果不做就不让进学校门。如果不穿一样的衣服，就不让参加学校活动。当不同的意见滋生，就将其迅速扼杀在摇篮里。这个组织越来越大，越来越不可控，选这门课的同学越来越多，整个教室里，清一色的统一着装，上课清一色的统一动作。可怕的是，所有人的差异性纷纷被扼杀在摇篮里。

后来，老师发现"浪潮"已经失控了，于是决定解散这个组织。可是，很多人已经把这种能随时指示别人、随心所欲地打压不同意见的独裁态度当成了信仰。

当信仰破灭，一个学生当众自杀，老师也因此入狱。

这个电影是根据真实故事改编，只不过这个故事的原型不在德国，而在自由自在的美国，整个过程，只用了一个星期。当老师解散了这个像邪教的组织，他叹了口气说：我从没想过，扼杀人的自由，剥夺人的多样性，强迫别人做同样的事情，能这么快地滋生法西斯专制。

这部电影背后的问题更令人深思：当大多数人选择了一种态度，少数人有没有资格选择不一样的方向？如果他选择了，是不是应该被指责、被谩骂，甚至被杀死呢？人的自由意志和集体化到底哪个更重要呢？

○ ◀ ▶

　　从小，我们就一直被灌输两句十分矛盾的话："少数服从多数"和"真理往往掌握在少数人手上"。所以，到底是应该少数服从多数，还是多数顺着少数呢？

　　其实，正因为世界很大，每个人都不一样，世界才如此美好。

　　我们见过太多多数人的暴政，也见过不少少数人的专权，别说国家，家庭也是。这样的集权，只能带来对个性的抹杀、对自由的遏制，得不偿失。

　　母亲曾经穷过，就非要逼女儿和谈了多年的男友分手，找个有钱的，到头来没了感情缺了爱；父亲曾经颠沛流离，就一定让孩子背负重重的贷款买房子，到头来丢了生活失了梦想；长辈逼孩子赶紧结婚；老师逼学生举手才能说话；社会歧视同性恋；富人看不起穷人……

　　所有的问题，根基都在于一点：人缺乏了起码的包容。为什么要仗着自己人多，仗着自己在理，强行逼迫别人按照自己的观点和想法去活？凭什么？

　　我在写这篇文章时，忽然看到一则新闻：娱乐明星乔任梁离开人世。我虽不认识他，但死者为大，只愿他安息。

　　可是很快，陈乔恩上了头条和热搜，查阅了一下才明白，许多

137

网民在她的微博下大骂：为什么你的好朋友死了，你一条微博也不发，你还是人吗？

看到这种评论，我的三观都毁掉了。那些人，有什么理由和资格去指责，要求别人按照自己的方式去祭奠死者？一个朋友离世，难道应该先发微博吗？这些人，从哪里来的信心，要求别人一定要这么活呢？

我们这个世界，太多道德绑架，全部是闲出来的。

一有灾难，马云的微博下就有人说：你这么有钱，为什么才捐这么点？

一有离婚，当事人微博下就充斥着：我觉得你们挺好的，为什么不坚持坚持？

其实，这就是人性：人总喜欢去管别人的事情，总喜欢去强迫别人跟自己的步伐一致，由此来证明自己是对的。看似自信的举动，背后却透着满满的自卑。

每个人都有自己的想法和苦衷，如果不能完全懂得，就要学会尊重，学会包容，学会去理解你不理解和不理解你的人。

真正的教养，不是看你读过多少书、去过多少地方。

有教养的人，会包容社会的多样性，他们从来不会去强迫所有人跟自己一样，也不会把这种强迫当成强项沾沾自喜。他们会过好自己的日子，然后感叹，大千世界，朗朗乾坤，还有很多地方和不同的人。我虽然不理解，但我要尝试去沟通，从不同的角度，看不一样的世界。

远离
"穷人"

○ ◄ ►

我在三里屯上班，那里人多车多，所以停车是件特别麻烦的事情。我很少开车，但凡开车，都停在自动计时的地下车库，很贵，一个小时十五块。

有朋友问我，说你为什么不停在人工收费的路边，那边第一个小时十块，第二个小时才十五，便宜一些，而且还不用走那么远去公司。我笑笑，说，带你做个实验吧。

那天中午，我11：50把车停在朋友说的路边，收费的小伙儿走了过来，我清楚地问了价钱。小伙儿一脸黝黑，南方口音，语速很快地介绍着价位，像是期待着你漏掉细节。

我说，你说慢点，一个字一个字说，说清楚。

他说，第一个小时十块，第二个小时十五块。

我们点头。吃完饭，我们12：50准时回来，我看着小伙儿和朋友，然后拿出十块钱给那个小伙儿。小伙儿摇摇头，说，师傅，二十五块。我说，为什么？不是一个小时吗，一个小时怎么成二十五块了？小伙儿说，不是的，你是11：45来的，现在已经12：50了，超过一个小时了。

朋友听了，十分生气地说，我们很确定，是11：50到的。小伙儿愣了一会儿，没想到我们记得时间。于是说，那现在也12：52了，你也超一个小时了。

我想快点结束对话，于是说，这样吧，我给你半小时的费用可以吗？他说，那不行，我们没有半小时这么结算的规矩，都是一个小时一个小时结算的。朋友说你这规矩是不是太多了，这些规矩写下来了吗？有明文规定吗？他说，这些规矩不用写，人人都知道的。

朋友说，那你的意思是我们不知道，就不是人了呗！他说，反正你不给钱，就不能走。他说完，竟然耍起流氓靠在了车上。

朋友觉得跟他为了十几块钱吵架不值得，就掏出二十五块钱递了过去，转头跟我说，走吧。我没说话，只是笑。回到公司，我问朋友，你什么感觉？他说，像被狗咬了一样。

我哈哈大笑，说，你明白了吧。你停在那里，十几块钱是小事，关键是价钱不明确，每次都要费口舌为了十几块钱跟那些人议价，钱给多了烦了心情。

把车停在价格明确的地下车库，机器计费，没有弹性，也不用议价。省下的，是时间；留下的，是愉悦。朋友点头。

我时常会遇到一些人为了几十块钱吵架，吵到最后，两败俱伤，弄得心情不好。我不认为那个多收了几十块钱的人能富裕到哪里去，他丢掉的反而是诚信和更多的生意。这样的人，身边很多，其实他们的问题不是人穷，而是志短，他们穷的远远不只是钱，更致命的是锱铢必较的思维方式。

在生活中，一定要远离这些人。跟他们纠结争吵能让你的心情非常不好，得不偿失。

○ ◂ ▸

我想起上大学时宿舍里的一个哥们儿，有次我手机没电，找他借电话打给家里。打完后，我把电话还给他，说谢谢，然后转身离开了宿舍。

没想到他追了出来，跟我认真地说：尚龙，你刚才打了两分钟，请你给我五毛钱。我当时疯了，以为他开玩笑呢，后来发现他表情无比淡定。我说，要不这样，我请你吃中午饭好吗？

他想了想，算了算，发现划得来，说，好。

那顿饭，我吃得十分憋屈，中途我们两个都没说话，吃完饭后，我决定以后再也不跟他有交集了。后来朋友跟我说他家里比较贫穷，所以对每个人都斤斤计较，搞得大家特别不爽。后来大家知道他穷，也就不怎么怪他了，当然，也不搭理他了。

其实，他穷的，不仅仅是家庭条件，更是视野和格局。的确，虽然莫欺少年穷，但是，记得一定要远离思想穷的穷人。没钱可以赚，但这种穷思维，毫无疑问地会让一个人一直穷下去。

他们穷的，是思想，是格局，这样的人，站在人群中，会传染，会把你的世界变小，会把你拉到跟他同一高度，用丰富的经验打败你。他以为自己占了别人的便宜，其实吃的是更大的亏。

就像这个朋友，因为几毛钱，丢掉的是这么多朋友的资源和口碑，这些，要花多少钱才能赚回来啊。

○ ◂ ▸

一年前，我租了一辆车，车主是一个北京大爷，胡同里的，攒了半辈子钱，才买了第二辆车，于是决定把第一辆车租出去。我提车前，他恨不得把我身份证扣了再让我交个十万押金才让我拿走车。

后来，中介走完程序，他还越过中介给我打电话说让我注意这个注意那个，说弄坏了要赔多少钱。我说，大爷，我懂，别打了，按照流程来，不会有什么事的，几天后就还给你。

我怀疑大爷把命根子借给了我，或者大爷家很艰难。于是，我问大爷，您家是干吗的？得到答案后才知道，大爷根本不贫穷，只是小气而已。他有个儿子，是个中文系的大二学生，暑假正在找地方实习。我听完刚准备跟大爷讲，我算半个作家，能把他介绍到出版社实习，还能交个朋友。

没想到大爷继续唠叨了半个小时，我和中介的小哥听烦了，于是押了两千块钱，把车开走了。一周后，我还车，大爷说扣我两百块押金。我问，为什么？他说，你把车开旧了。

我都傻了，说，我就开了一周怎么就开旧了？何况，又没剐蹭又没车祸，旧了能怎么样？他说，你看这个车之前不是这么脏的，现在怎么这么脏。我说，您不能去洗一洗吗？洗个车也就几十块钱。

大爷理直气壮地继续争论：那我开车过去不需要油钱啊，我的时间不需要钱啊！后来中介小哥都看不下去了，说，尚龙老师，这两百我给您出了吧，这人穷疯了。

我瞪着这个老头，看着他锱铢必较的抠门样，像极了《吝啬鬼》里的阿巴贡。我转身离开，一天后，我把钱转给了中介小哥。小哥跟我说，我们公司把这个人拉黑了，而且我们在各大租车公司的群里都拉黑这个人了。

我摇摇头，心想，他失去的还不只这些呢。他为了两百块钱，还失去了一次让儿子进入顶尖出版社实习的机会。可我能说些什么呢？

我删除了他的电话，想，这辈子和他必然不会有所交集。的确，像这样的人，愿我们一辈子没有交集。

○◀▶

其实，每个人都无法决定自己的出身，家庭贫穷富有都是自己无法决定的，但我们可以让自己成为精神上的富人。这样的人，宽容、慷慨、谦虚、善良，对世界充满着爱。很多穷人，虽然斤斤计较赚了几十块钱，其实丢掉的更多。这世界上所有昂贵的，都是用钱买不到的，比如爱，比如高尚的品德，比如富人的思维。

人不学会大气一些，就会失去更多。

直到今天，我和朋友吃饭聚餐，总是习惯先起身买单，这个习惯是我五年前养成的。那个时候，我还住在十几个人合租的房间，长期吃着泡面。

朋友后来问我，你是不是很有钱，所以总抢单。我说，不是，只是我不想让谁买单这种问题浪费大家的时间，不想把谁买单这件事情放在有更重要的事情需要处理的大脑里。

不过，如果当我和一个人吃了五次饭，每次都是我请，第六次他连掏钱的动作都没有的话，这种朋友，下次我就不会再请他了。毕竟，人可以没钱，但不能短了志气，不能没了理想，不能穷了思维，更不能总目光短浅地去贪图便宜。一个人总是在小事上算计着你，让你防不胜防，此人虽可能闯不了大祸，但必干不成大事。尤其是创业团队里，这种喜欢贪图小便宜的"穷人"一定要不得。

我想起曾经看过一本叫《富爸爸穷爸爸》的书，里面讲了穷爸爸和富爸爸对孩子的教育模式：穷爸爸跟孩子说，你要好好学习，以后找一份好工作；富爸爸跟孩子说，你要好好学习，以后创业去给别人创造工作机会。

思路不同，必然收入迥异。有时候，一些人穷的不仅仅是口袋，而是思维。

你是否想过，每次买菜跟别人费口水十多分钟就为了那几毛钱，还不如赶紧把工作做好，多读几页书、看几篇文章，这是更好的投资。

　　花了几个小时疯狂抢红包买各种打折产品，你是否想过，可以用这段时间上一节公开课，看一部电影？这种慢慢的成长，总会让你有能力买得起所有不打折的商品。

　　长远投资永远比小便宜划算。

　　你要知道，人最宝贵的，是时间；最难得的，是好心情。别为了一点钱，浪费了时间，糟蹋了心情。正是因为每个人对平等的二十四个小时使用方式不同，人和人的思维才不同，这样的思维，让有些人富有，让有些人，永远是穷人。

　　你总要把目标放得更远，才能看到更广的世界。

其实你
没那么重要

▬▬▬▬

几个月前我参加一部电影首映。电影放到很晚，看完之后，我向导演请教细节，后来等到几乎没人了才离开。一路上，我都在想他跟我讲的话，想着想着，我的目光开始放空，大脑天马行空了起来。却不知，我的眼前，有两个戴着口罩的长发女孩。

我们都有过这样的经验，就是眼睛虽然盯着某处，但脑子却在想其他事情。我并没看到她们，却感觉我正盯着她们发呆。

等到缓过神来，我已经盯着这两个女生好久了，没想到的是，两个女生不仅不觉得尴尬，反而开始笑着对我议论纷纷。我以为她们认识我，于是挺不好意思地把头低了下来。

结果，一个姑娘走了过来，大声地跟我说：喂，你是不是认识她？

我十分诧异，这个问题问反了吧。

我露出了疑惑的表情，刚准备说话，结果这个女生像中了彩票，冲到另一个女生身边，说，叫你把口罩戴好你不戴好，你看，被人认出来了吧。

那个女生赶紧把口罩使劲地往上拉了一下，笑嘻嘻地露出一丝羞涩，说，哎呀，真不好意思，竟然被粉丝认出来了。

我在一旁，越来越尴尬，她们继续说着不好意思，当我不存在，而我开始好奇，她们两个到底是做什么的？

她们继续沉醉在被粉丝认出的荣誉感中，而我继续风中凌乱着，可总有一个人要打破僵局。于是，我说话了：大姐，你们是做什么的？

那两个人明显愣住了，那个刚跟我讲话的姑娘充满疑惑地走过来，说，你没有看过她和我的直播吗？

哦，原来是哪个直播平台里的主播，不过，至于吗？我看着她们如此期待着我的回应，为了不伤害到她们幼小的心灵，我决定撒一次谎。

我说，哦，你们的直播，看过看过，太有名了。

结果意想不到的事情发生了，那个一直不说话的姑娘竟然说，用我给你签个名吗？

我……上瘾了是吗？得寸进尺了是吗？一定要这么骄傲吗？

人吧，总应该摆正自己的位置，别总太把自己当回事，总这样多么尴尬啊。

类似的事情，还发生过一次。

那次我跟一个青年演员约吃饭，我喜欢吃大排档，于是就约在海淀的一家能露天喝酒吃串的地方。

结果他义正词严地给我发了一条信息：龙哥，你我怎么也是有点名气的人，你总坐在路边吃大排档喝啤酒，万一被拍了怎么办？万一被粉丝看到了怎么办？不跌份吗？

我当时就蒙了，忽然哑口无言，因为我从来没想过这些事情，也从来没觉得自己了不起。于是，我说，要不，咱们去个小酒吧，光不好，也拍不着。

结果，我们刚到酒吧，他就开始数落我的穿着：你看你，出门也不洗个头，就算你不洗头，整个发型出来也好，就算你不整发型，也别总搞得自己像个天线宝宝一样露出一根头发，你以为你是避雷针吗？还有你的衣服，你能不能稍微打扮一点，那件格子衣服是不是已经穿两天了，你别跟我说你有两件啊。虽然我知道你有两件，但你不能总穿一样的，而且总是那么随意地出来……

我看着他那条破了的牛仔裤，很无辜地问，你这牛仔裤都破了还穿，你怎么好意思说我？何况这又不是颁奖典礼，我出来吃个夜宵还要化妆啊？

他急了，说，你怎么这么土，这是最潮的牛仔裤，你能不能稍微注意一下这个世界上穿衣的潮流，万一你的读者粉丝知道你这么土，以后你还准备怎么混……

那天晚上，我就在这样的吐槽声中度过。

最后我实在受不了，就说，你天天出门打扮，每次这么注重潮流，也没见你红了啊。

结果这句话竟然把他激怒了，他站了起来，说，总比你这个天线宝宝好。

回到家，我开始思考，人到底要不要这么注重别人的看法，要不要这么把自己当回事。

其实无论是导演、演员还是作家，不过是一种职业，既然是职业，就没有高低。

世界上每一种职业都应该被人认可，都是这个庞大机器必不可少的零件。

一个演员应该花时间在演技上，而不应该化太多在外表上。你可能会说，花时间在外表上有什么不对？没错，但你每时每刻都这么注意着、打扮着，不累吗？

其实，每个人的脑容量都是有限的，就比如当我花大量时间研究穿着，也就没有那么多精力去写出好作品了。

最重要的是，总是太在意别人的感受，总觉得自己太了不得，总为别人活着，这样，到底累不累？

在这个圈子混了很久，逐渐明白，越是大腕儿，身边的助理越少；越是牛人，越没有架子；越是大神，越接地气。不仅是因为他们明白谦卑的重要性，更是因为他们知道，职业没有优越性，不必把自己人当回事。

人应该要求自己变得更好，而不应该总是自以为是，学会谦卑，才能让人走得更远。

这个世界上，反而是那些没干出什么成绩的人，特别在乎别人的评论和眼光，特别自以为是。

他们只是拿着半桶水，晃荡许久罢了。

其实，我们没有那么重要，无论你是谁，除了家人亲人朋友真心关心你，其他人，不过是路人甲和观众，你不过是他们生活中的谈资。

过好你的生活，做好手上的事情，其余的只言片语，就让它们在你生命中，像风一样，刮过就好。

我们许多人，都有过公众演讲的感受。当一个人演讲时总注意着别人的表情和叹息，那么，稍有变化就能让自己彻底崩溃。相反，当你只管自己的陈述，注意着自己的演讲，反而会有更好的发挥。

人总是会以为自己很重要，殊不知世界离开了谁，都照样转。

一些人总是以为自己无时无刻不受人关注，走在路上特别注意姿势，注意装扮，怕皇冠会掉，怕敌人在笑，却不知道别人只是看你一眼，不会跟着膜拜。跟着你的，多半是流氓。

其实，只有内心强大的人、善于独处的人、谦卑的人，才更会被人注视，才能走得更远。

电影《楚门的世界》里，有一段很多人都没有注意的细节，楚门从小被人注视着长大。当他忍受着恐惧，一个人划着船冲向世界的边境时，一个声音提醒楚门，离开了这个世界，外面的世界可能就很危险了。

楚门明白，这个世界有太多人注视着他，他的决定，所有人都在看。

可是，他最终选择了去探索更大的世界，做更好的自己。

你记得电影最后坐在电视边上的两个保安说的那句话吗？

他们说，这个节目完了，赶紧看看还有没有其他什么节目。

一个节目无论多么精彩，观众都只是观众，他们只会是路人，不会是你的生命中不可或缺的一部分。他们的注意力很容易被转移，你也不用太在意那些目光。

在这个世界上，要么抬头走路，要么低头奔跑，不要边走边看别人的眼光，不要依照别人喜好调整自己的步了，这样走着走着，准会顺拐，或者忘了出发的理由。

别太把自己当回事，骄傲地走在街头，要知道谦卑的人身上都有一道光，这道光可能起初不那么亮，可一旦被人发现，便是七色的彩虹，便是万丈的光芒。

而浮夸的人，虽自带光亮，可每一丝光亮，都刺着别人的眼睛，让人睁不开，也靠不近。

弱者才刷
存在感

────

○ ◂ ▸

　　有一次，朋友让我去录《开讲啦》，其实我很讨厌上电视，发自内心地不喜欢，但这次因为和台里的朋友关系特别好，受其邀请，就只能硬着头皮去当一回青年代表。所谓青年代表，就是当嘉宾讲完话，我们结合自身领域去提问的一群人。

　　那天制作团队更换，嘉宾状态不好，现场状况频出，主持人撒贝宁现场都有些绷不住了，忍了几次终于还是爆发了，也不管现场观众的目光，开始大声痛斥起来。我看着表，真为制作方捏把冷汗，因为还有大概一个小时，第二场录制就要开始了，可节目进程竟尚未过半。我自己做过电影，深知每个片场都有自己的苦表，计划总赶不上变化，但没想到进度竟然慢成这样。此时，导演终于递过来字条，上面写着一行字：青年代表提问请把问题缩短。

我叹了一口气，想，导演组终于清醒了。

后来才知道，这个导演是第一次接这个节目，幕后的混乱程度可想而知。不过好在决定在最后环节加快，这样整个节目就能顺利结束，欣慰。虽然我们几个青年代表的讲话会被剪掉或者压根不会被播出，但为了整体节目和下一场的节目，短就短吧。

我把提前准备好的三个问题压缩成一个，提醒左边和右边的两个女孩子说，咱们别讲故事，直接问问题。她们虽有不情愿，但也点头，在题板上去掉了两个问题。

可是，意想不到的事情还是发生了。

第一个提问的男生，不知道是寂寞久了还是太久没见到人，他竟然在问问题之前给自己做了一个长达五分钟的自我介绍，说自己多么牛……然后又问了好几个问题，和嘉宾进行了"激烈"的交锋。嘉宾略显尴尬，主持人明显想打断，可是硬着头皮让他说完了。

第二个青年代表，是一个高三刚毕业的小姑娘，竟然在如此宝贵的时间里调戏起了撒贝宁，说什么她的同学很喜欢他，但知道他已经结婚后，转而爱上胡歌了……现场观众笑得很尴尬，撒贝宁也笑得很无奈，观众席上已经出现了打哈欠和看手机的举动，毕竟，已经录制了快三个小时。没想到的是，小姑娘high了，竟然跟撒贝宁说：我能不能以后跟你混当主持人？我的声音和形象还可以……

我坐在旁边，头昏脑涨，无力吐槽。好在撒贝宁反应快，把问题重新拉回到了嘉宾身上。

后面几个青年代表，当然也就刹不住车了，去你的大局观，去你的小字条，每个人只顾讲完自己的话，没有谁还记得这个场地马上还有另一场录制，没人关心许多观众因为长时间没活动，早已精疲力尽。

到我问问题，我算了一下，从站起来到坐下来，二十秒，全部问完。

或许没人会记得那二十秒，可那又如何呢？

最后，整个节目时间还是被耽误了，好在不是太严重。

录制结束后，我们回到嘉宾休息室，小姑娘特别开心地跟同学打电话说：我帮你跟撒贝宁老师说你喜欢他了，哈哈哈，他脸红了，我刚才可威风了……

我看着她，无奈地摇摇头。你确实是说了好多，你确实威风了，但你刷的存在感，最后导致别人受到了伤害，耽误了整个节目的进度，这种存在感，刷了有什么意义？

其实，这样的展示根本不能表明你知书达理，只能表明你不识大局平时寂寞孤单没见过世面。

我离开录播厅，那几个青年代表还沉浸在刚才说了好多话、抢了许多镜的存在感中。我着急有事，提前离开，路过散场的观众，听到一个大爷愤愤不平地说了一句：那几个年轻人话真多，可给我坐得，高血压都犯了！

另一个大爷说，是啊，尿可憋死我了……

其实每个人都有自己的存在感，适当地发发朋友圈跟好哥们儿炫耀一下，能让自己的心情变得愉快很多，但是你不能在展示自己时伤害到他人，侵占别人的时间，扰乱大局。你不能抓到机会就拼了命地展示，全然不顾别人的感受，这样刷存在感，耽误别人的时间，其实就是品德差。

很多领导在开会的时候，总是没完没了地讲话，车轱辘话来回说，几句话就能讲清楚的事情，恨不得讲几个小时，自己讲完了，爽了，台下嘘声四起怨声载道。

曾经有一个领导跟秘书说，你把我的演讲稿改一改，没用的删除掉。

后来，秘书把领导的演讲稿删到只有一句话：会后在二楼聚餐。

这是个笑话，但用讲话的方式刷存在感的领导太多，尤其是新官上任，总是滔滔不绝。可是，这样无休止的讲话、没逻辑的篇幅，不会赢得任何人的尊重；这种刷存在感的方式，只能代表这个人无知、寂寞、自卑。

为什么不列个简短的提纲，为什么不考虑一下大局，为什么不讲完散会，难道台下人的时间不是时间吗？

我给大家分享一个故事。几年前，新东方的创始人俞敏洪去武汉演讲，现场人群密密麻麻的，闷热的光谷体育馆，一万个学生穿着短袖，早就开始等着。许多人汗流浃背，还耽误了一些时间，学子们已经有些不耐烦。主持人上台寒暄两句，学生充满期待，没想到主持人话锋一转，竟然请教育部领导先讲话。

台下嘘声一片：我们来这里是听你领导讲话的吗？

领导走上台，环望四周，把讲稿放回到口袋里，只说了一句话：我知道你们今天是来听俞老师讲课的，不是听我的，所以，接下来，我们掌声欢迎俞敏洪老师。

过了许多年，俞老师做的那场讲座我已经不记得内容了，但那个教育部领导讲这句话的场景历历在目。他的自信和临场应变让我明白了一件事：

真正的存在感不是刷出来的，是来自强大而自信的内心。

○ ◄ ►

其实刷存在感的方式很多，而一个内心富足的人，是从来不会去刷存在感的，他清楚地知道自己的存在，也清楚自己活着的意义。

他也会寂寞，但当被聚焦时，不以物喜，不会失态，更不会没素质地停不下来。

他内心强大，平时习惯了读书、锻炼；他知道自己要什么，也清楚自己要表达什么；他更明白，存在感不是刷出来的，与其疯狂地展示或者失态地炫耀，不如找个安静的角落去静思自己的存在，我思故我在。

我记得在一个炎热天气下的开学典礼上，学生们满头大汗地准备听中国传媒大学校长的讲话，所有人都做好了持久战的准备，有人拿出了水等着边听边喝，可是，苏校长上台后就说了一句话：天热，我讲短点，大家新学期加油，好好学习，散会！

　　散会了！！

　　我想，许多传媒大学的学生毕业多年，都会回想起校长的那份自信和简短，可能早已忘怀很多青春的时光，但都会想起那炎热的天气里校长霸气的一句话：散会。

　　他不用刷存在感，他就存在于许多人心里，很久很久。

○ ◂ ▸

　　人经历得越多，越不爱表达；书读得越多，越明白自己无知；路走得越远，越知道自己渺小。

　　只有弱者，才会狼狈地刷着存在感。

　　一个人，安静久了，书读多了，路走远了，内心强人了，自然，也就存在了。

我不恨你，
也不想忘记

○ ◀ ▶

我爷爷今年九十五岁，身体依旧硬朗，没有很大的疾病。他是黄埔军校二期的学生，当年跟着国民党在淞沪战场浴血抗战，脖子上留有一枚硬硬的弹片。他说，这是日本鬼子打进来的，直到今天没有取出，每到天气凉或者潮湿的时候，还会疼，疼了半辈子。那年，他带着一个连和鬼子拼刺刀，整个连只有他和副班长活了下来，接着他们被整编到另一个连，然后从上海撤退到武汉。

后来，广岛、长崎被扔了两颗原子弹，日本鬼子投降，再之后内战爆发。

爷爷不喜欢国民党的腐败，胡乱抓壮丁没有纪律，于是，带着一个营倒戈共产党。再后来，共产党胜利，国民党败退到台湾，爷爷加入共产党，以为可以安享晚年。

没想到的是，"文革"爆发了，爷爷是地主出身，又加入过国民党，很快被批斗。红卫兵小将揪着他的头发，架飞机似的，让他去游街，说他是叛徒。爷爷反抗说，自己当年抗过战，打过日本鬼子，红卫兵不由分说，上去就堵他的嘴。每次回到家，爷爷都筋疲力尽，只剩奶奶一个人哭着鼻子，她不知道说什么，只能把饭热热然后躲进房间。

爷爷有四个儿子，我父亲排老四，那时我的几个伯伯都在当红卫兵，得知家里被抄了，赶紧带人回家，和另一群红卫兵发生了冲突。伯伯带的人多，气势大，就保住了老人不再继续挨批斗。后来，爷爷经常跟我们说，那是一个难忘的年代，他不会忘记。

我问过爷爷，您会恨那些人吗？

爷爷说，恨他们干吗啊？他们不过是那个悲剧时代下的产物，每个时代都有，你看现在网上骂人的，和那个时候的红卫兵有什么区别呢？我不恨，只是记得而已。

后来，有次我回家，看见一个卖苹果的老人，头发斑白，六十好几，父亲告诉我，这个人当年就是来家里打爷爷的红卫兵。

我气不打一处来，下车买了两斤苹果，本来想故意刁难他两句，父亲把我拉走，说，他已经得到了应有的惩罚。何况，爷爷都不恨了，你当晚辈的还记那么多仇干吗？

那天，我跟爷爷说看见了那个卖苹果的老头，爷爷忽然不说话了，把报纸合了起来，转身进了他的房间。我知道他生气了，或者是想起了过去不愉快的事情，不过很快，他又出来了，继续自己的生活。

我问爷爷，您恨他们吗？

爷爷说，不恨，记得就好了。

我说，为什么不恨？

爷爷说，历史是要人记住的，但是恨没必要，毕竟，你再不顺，能不顺得过邓小平的三起三落吗？你再冤枉，能冤枉得过死时连名字都没有的刘少奇吗？

他说完这话，就继续看起了报纸，他是我见过的心态最好的老人，也是最长寿的老人。如果按照谁在世界上活得长谁就是胜者，那么像他这种心中无恨、充满感恩的长寿者，无疑是最大的赢家。

○ ◂ ▸

我想大多数人做不到老人那种大度，但至少能做到不去报复，毕竟不报复已经是大度。我们记得对方做过的事情就好，如果连记住都不让，凭什么呢？

我可以不去报复，但你不能要求我忘记，毕竟，忘记过去，就是背叛，忘记痛苦，就是摧残。

曾经看过一部电影，叫《菲洛梅娜》，年轻的修女菲洛梅娜因为爱上一个男生，和他生了一个孩子，可是因为那时宗教未改革，规定奇葩：修女不能结婚，更不能有孩子，如果有了，就必须送给别人。菲洛梅娜想隐瞒，最后被另一个修女举报，接着孩子被送走了，留给菲洛梅娜永久的创伤和痛苦。

几十年后，菲洛梅娜在报纸上看到了自己的孩子，她寻根找到了孩子的家里，才知道孩子已经死了。她悲痛欲绝，毕竟这辈子除了刚出生时见了一面，就再也没见到过这个男孩子，而且，再也见不到了。陪她的律师帮她找到了一卷录像带，她打开一看，惊讶地发现，原来她的儿子曾经找过她。

只是，驻守的老修女说，你妈妈抛弃了你，用这样的语言把这个男孩打发走了。而这个修女，就是当时打小报告把孩子送走的人。

他们找到这个修女时，菲洛梅娜的律师已经抑制不住怒火想要冲过去杀死这个修女，但是菲洛梅娜竟然咬紧牙，流下眼泪，说了一句：我原谅你。

说完，她转身就走了，她忘记了仇恨，发扬了基督精神。电影拍到这里结束了。

可是，故事没有讲完，后来，这个修女慢慢明白自己错了，寄了一封道歉信给菲洛梅娜。没想到的是，她都没有拆开，直接扔进了垃圾桶，只说了一句：我不想再见到她，以及关于她的任何东西。

后来评论中有人说她不够大度，说她应该和那位修女冰释前嫌，握手言和。但我觉得，真是站着说话不腰疼，对菲洛梅娜来说，不报复就是最大的大度，不再见就是最好的谅解，她做得已经够好，无须再原谅。

对一个在自己身上犯了这么大罪的人，不去以眼还眼、以牙还牙就已经很值得钦佩，你还想让她做什么呢？

○ ◀ ▶

我想起自己的故事。

我读书的时候，自学能力比较强，英语非常好，这在军校很不普遍。毕竟，大家以后都会下基层，学好英语没用。

那时，有一个英语老师给我们上课，这个老师就去过一次非洲，在体制内混了大半辈子，英语底子不仅不好，而且发音可怕。他惊奇地发现，他没法教我，因为他教的我都懂。出于尊重，又不想浪费时间，于是我坐在后排不说话，看英文的原版资料。

这个老师教了很多届学生，从来都要求学生上课盯着他看，从来没见过我这样竟然上课看原版书的。于是，这个老师经常在课上打击我，后来还以我不尊重他为理由在各个场合说我不尊师重道，甚至用体罚的方式，让我实在难忘。

我那时刚刚十八岁，不知道自己做错了什么，于是上课就不再看书了，听他讲课。但他讲得实在太差太简单，所以困得我眼睛不停地打架，他看到后，以为我睡着了，就让我蹲在后面听。

我写到这里，忽然握紧了拳头，这么多年回忆起来，依旧会让我不舒服。

后来，我离开部队，去当了英语老师。很快，在同行业认识了很多朋友。有一次，一个机构的老师给我打电话，问，最近来了个应聘的，你认识吗？

我当时有些不相信自己的耳朵，我问，他怎么了？

因为这个人对我来说太如雷贯耳了，折磨了我这么久，竟然再次跟我有了交集。

朋友笑了下，说，他想来我们这里找工作，我一看简历是你们学校的，就来问问，你要是说他很好，我们就要了。

我的脑海里以为已经忘掉的很多东西又忽然映入眼帘，不断冲击着我的内心。那一刻，我开始不能呼吸，愤怒堵在嗓子眼，真想一顿骂，把怒气全部发泄出来。可是，很幸运，我克制住了，我淡定地说了一句话：我不认识他。

我把这件事情跟朋友讲，朋友说，你应该臭骂他一顿的，然后留下你的名字，说你丫给我记住这个名字，这多爽啊！

我说，没必要，不是我有多高尚，我只是想，毕竟，他不再值得你花时间费口水了。何况，过去的，就过去了。

《美国X档案》里面有一句话：Hate is baggage. Life's too short to be pissed off all the time. It's just not worth it. 愤怒是一个累赘，生命太短，不值得去对别人发怒。

毕竟，人还有更多有意义的事情没做，那些曾经对你造成伤害的人，你已经浪费了情感和时间在他们身上，不值得你再继续浪费了。

那你可能会问，你既然这么大度，为什么不去帮他一把，说，他很好，要他，过去就释怀吧？

郭德纲有次接受采访聊到背叛的徒弟时，主持人问他，是不是永远都不会释怀了？

他说，这个东西是跟人一辈子的。如果连这个事情都记不住的话，那这辈子活得太冤了。记住还非得去报复，那可能是我小心眼，但我记住都不行吗？这说不通。

这个观点，我很同意，因为对我来说，不评价是最好的宽容，不诋毁是最佳的谅解。除此之外，我不会忘记过去，从此，你走你的路，我再也不愿意见到你。

要学会在得意时
尊重每一个人

○ ◂ ▸

　　日本战国时期，天下大乱，群雄割据一方。无论是哪个国
家，历史都惊人地相似。天下大事，分久必合合久必分，每个时
代，你不知道谁会笑到最后，谁会粉墨登场，谁会被后人记住，
谁会成为英雄，谁只能成为小丑。而每个英雄，却都是复杂的。织
田信长虽然战功赫赫，却是一个出了名的暴君，当他征战南北，
闯入京都时，已经是一人之下万人之上，眼看就要统一日本。那
天，他入住本能寺，百姓欢呼，武士兴起，他喝了好多酒，然后
睡去。

　　没想到的是，他手下的大将明智光秀率领一万三千大军假装增

援丰臣秀吉，却转身攻打本能寺。当夜，本能寺周围燃起大火，织田信长身边只有百人，他浴血奋战，却无能为力，最终剖腹自杀，葬身火海。死前，他问，是谁反叛。他的部下告诉他，是他的大将明智光秀。那时，织田信长没有任何的表情，只是说了一句：如果是他，那就没辙了。说完，就剖腹了。

前些时间我去了日本，遇见了很多日本的朋友，聊到这段历史时，很多人谴责明智光秀的叛变不符合武士道精神，不忠不孝不伦不类。可是，当把历史书打开，才发现，万果皆有因，每个看似不合理的结果，都是无数合理的原因堆积起来的，就像每次人的爆发，都是忍无可忍的必然结果。

织田信长对手下非常傲慢，他经常称自己的得意名将丰臣秀吉为猴子，而丰臣秀吉情商高，一直没什么架子，笑笑就过去了。可是明智光秀不一样，他从小文武双全，既能领兵打仗，又能题诗作画，四十岁的时候投奔织田信长，虽得到重用，却屡次在公开场合被羞辱，让他脸上非常挂不住。

一次宴会上，明智光秀喝了七杯酒，已经面红作呕，可是，织田信长正喝到兴头上，非要让他继续喝。光秀频频摇手，织田信长勃然大怒，拔刀而出，说：你要么喝了酒，要么把刀给我吞了。

明智光秀十分尴尬，于是喝了酒，信长哈哈大笑，说：你就是怕死吧，下次还要这么治你。

武士道精神中，"怕死"二字是最羞辱人的，而信长竟然完全不顾别人面子，公开羞辱他。他认为羞辱的是我的手下，你在我眼中，不过是无名小卒，羞辱了你，你又能做什么呢？

接着，他开始变本加厉。一次织田信长大胜对手，当晚，庆功宴上，他大放厥词，夸自己的功劳显著。明智光秀在他一旁，看到将士们浴血奋战却无人问津，于是说了一句：我觉得将士们也有苦劳。结果这一句话激怒了信长，他竟然大骂光秀，而且抓着他的头往栏杆上撞。这样的奇耻大辱，就这么一次次地累积着。

信长抓明智光秀的头不是第一次了，一次他喝多了酒，竟然把明智光秀的头夹在腋下，像打鼓一样，边打边说，好鼓。

这种羞辱持续着，织田信长越得意，就越爱羞辱下属，他得意忘形，下面就躺着中枪。

你可以说明智光秀没有远见才发动政变，也可以说他是小人才会杀死上级，但一次次的过分羞辱，不在沉默中爆发，就在沉默中灭亡。

于是，爆发了。

可是，问题来了，为什么织田信长总是要在胜利后做这些羞辱人的事情呢？

书里说得很清楚，因为他人得志，从小就生在富裕人家，无忧无虑的，不会换位思考，人特别容易膨胀，一膨胀行为就出格，忘掉别人的感受，久而久之，就结仇了。

但真正的原因呢？

其实，每个人都一样，在一无所有时，头往往都会低下来，没有杀伤力，最怕的就是忽然成功和暴富，让人得意忘形。

当人高高在上，讲出来的话，或许会被放大，也可能会被曲解，人走得越高，越不容易接地气。此时此刻应该谨慎谦虚，戒骄戒躁，而不应该口无遮拦，肆意伤害他人。

○ ◂ ▸

历史总是和现在惊人地相似，我们身边有很多像织田信长这样的人，他们得志后，很容易说话变得无收敛，很快忘记了一无所有时陪伴着自己的伙伴。他们得意了，很容易忘形，这样的人，非常让人讨厌。

比如在公开场合拿到麦克风就说个不停的人，比如出了一次国就忘了养育自己的家的人，比如刚刚当官就跟老同学摆架子的人。

相反，有些人虽然有了成就，却让人相处得很舒服，我有理由相信，这样的人，能走得更远，毕竟，事实就是这样。

我刚认识子文、子豪时，两位小鲜肉已经是百万粉丝的博主了，因为是同一个出版社的作者，所以碰面的机会时常会有。我出新书的前一天，冒昧地问了子豪一句：你和你老哥能否帮我作个序？

其实这样很冒昧，毕竟，之前我们只有几面之缘。没想到的是，子豪说，龙哥，我看过你的书，我跟哥哥商量一下，到时候告诉你。

我点点头。毕竟，人家已经走了这么远，帮你是恩典，不帮你也没啥好抱怨的。

当天晚上，子豪给我发微信，说：龙哥，我们帮你写，因为你的文章写得很好。

后来，我又请子豪为我站台做新书发布会，其实那次我挺感动的，我问他，你有什么要求和期待吗？他说，没关系龙哥，你就告诉我地方，我自己去就好，龙哥的台，还是要站的。

后来，子豪来到发布会，一个人，连助理都没有，现场只跟了两个图书编辑。我当时很震惊，这么大个腕儿，身边竟然连助理都没有，晃晃悠悠地就来了。

后米我才知道，他们两个在行内是出了名地谦逊，无论是对谁，都只是以一个学生自居。我有理由相信，他们会走得更远，毕竟，谁不喜欢含苞待放的花朵呢。

后来，我又认识了一些影视明星，饭桌上，都很平易近人，总是微笑着，说话也没什么攻击性。相反是那些半红不红的，说话做事总是咋咋呼呼高高在上，出门带六个助理，事情还没做就谈钱谈条件。

后来，我发现，越是闪亮的人，越是善良；越是发光的人，越是暖人。

这种谦逊，能让他走得更远。

○ ◀ ▶

人做出一些成绩，就想让别人都知道，这是人性。毕竟，成绩不去弘扬，谁会知道呢，但在弘扬成绩时不要得意忘形，更不要恃才傲物地伤害到别人。

尤其在职场，这个太重要。

我想起一个朋友，他和另一个朋友一穷二白地进了一家公司，他成长速度快业绩好人缘好，两年后，他变成了项目经理，而他的朋友因为机遇和能力问题一直没有得到晋升。你要知道，人最怕的就是攀比，何况，还是一起进公司的朋友。

本来是平等关系，竟然就这么变成上下级了，这放在谁身上都不会那么好受。

幸运的是，朋友情商很高，每次在团队下达命令时都非常注意方式，尤其是在和他交流时，都用商量的方式，问句偏多，几乎是咨询式的语句。上班时他从不会夸夸其谈口无遮拦，下班时常请他吃一顿饭，两个人依旧形影不离。

一年后，他离职去创业，他的朋友也递交了辞呈，去了他的公司，虽然工资比现在的更低，但愿意跟他一起共同改变世界。

我曾经问过那另一个朋友，为什么要跟他一起创业，你们上下级了这么久，还是大学同学。

他告诉我，你知道吗，他在得意的时候，从来没有仗势欺人地俯瞰我，也没有瞧不起地对我居高临下。相反，他很在乎我的感受，我知道，如果我跟他换位置，我高高在上，我很难做得更好。最重要的是，我跟他在一起工作，很开心，得到了尊重，所以愿意追随。

这段话让我很感动，因为，从古至今，当领导的人，涉及管理的人，大多只知道管，而不知道理。在这个以理服人的年代，情商高，能让人走得更远。所谓情商高，无非就是多站在别人的角度去考虑问题，站在高处时，不指责，不仗势，不盛气凌人，这很难得。

○ ◂ ▸

莫欺少年穷，行行出状元。

每个人都会有不得意的少年时期，但不代表，他永远会这样下去，人既然年轻，就总会有更多的进步。

所以，别在人失意时年轻时欺负他。

我刚认识曲哥的时候，他刚刚毕业，在一个英语培训机构里当顾问。这些年，我一点点地看着他从业务员变成项目经理，再从项目经理变成一个分校的校长。我很佩服他的吃苦耐劳，更钦佩他对未来更好生活的信念和执着。

一次偶然的机会，我去他所在的城市看他，那时他已经是个优秀的分校校长了。那天他请我吃饭，走进餐馆，热热闹闹的景象浮现在眼前，他喊了两声服务员，有人应答，但都忙于其他桌，抽不开身。他又叫了几次，没人应答，他忽然发怒，砸了一个碗。

忽然，所有人都回头看着我们，弄得我很尴尬，不知道说什么好。一会儿，一个服务员走来，二十岁上下，一边道歉，一边用手去捡碎玻璃。而他，开始破口大骂说自己被怠慢了，你怎么服务的，态度这么差，云云。

我蹲下身，拍了一下服务员的肩膀，说，没事，你先去拿个扫把，别把手划了，碗的钱一会儿我赔。

服务员点点头，像犯了错误一样离开。

曲哥还没止住气，继续对服务员发起了飙，我赶忙制止，说，你为难一个二十多岁的小伙子干吗，人家忙着呢，又没有三头六臂，没事，咱们等会儿吧。

朋友继续不依不饶，我一直打圆场，饭吃得很不开心。后来几天，我发现几乎每次在餐馆吃饭的时候，他都在跟服务员发怒，住宾馆的时候，也能和前台大吵一架。出于好奇，我问，你是跟服务员有仇吗？

他说了一句让我难忘的话：我交了钱，就该享受服务，骂两句很正常啊。

后来，我注意到这个习惯是他在工作中养成的，这些年他主要面对高端客户，许多带着孩子来学英语的家长就摆出一副老子有钱给了你钱你就给我当孙子的样子，久而久之，他慢慢理解了原来可以用钱来买对弱者的发怒和对对方的不尊敬。

可是，真的可以吗？

其实，一个人的人品如何，完全能从他对服务员的态度体现出来，因为服务员不能决定他什么，对他也没有任何的威胁。此时此刻，没有他律，如何对人完全是自律，你会发现，高素质的人，一定会尊重那些基层的工作人员，比如保洁大妈，比如快递小哥，比如服务员。

这些手艺人脱掉制服，和我们一样，都是一个个努力的年轻人而已，只是他们加入了服务业。何况，谁知道他们以后会不会变得更好。

后来，我跟朋友吃饭的时候，问了他一句话：你有多久没和服务员笑过了？

他说，我一直笑啊。

我说，你有没有想过，当年你当顾问时有家长过来交学费破口大骂，你是什么感觉，是不是特别想把钱甩他脸上？

他说，是啊，换到现在我直接甩他脸上。

我说，刚才那个服务员肯定也是这么想的。

他忽然愣住了，然后没说话，可能觉得说得有道理，一会儿又觉得脸上挂不住，然后恶狠狠地跟我说，我知道你啥意思，我没你想得那么邪恶，要吃吃，不吃滚蛋。

我笑着喝了一杯酒，那天，我清楚地看到了他在加菜的时候跟服务员说了一声谢谢，竟然还是笑着说的。

那一刻，我忽然特别感动。

我相信他以后会对每个平凡的人好一些，因为，谁也不知道，谁会笑到最后，因为，这样能让自己走得更远。

回到日本史，谁也不知道当年被称为"猴子"的丰臣秀吉竟然统一了日本，因为他情商足够高。可是，谁也不知他竟然浮躁地去攻打朝鲜和大明王朝；谁也不知道德川家康竟会取得了最后大业，因为德川家康的前半生，一直在隐忍，不敢多言跨界去得罪任何人。谁又知道，他会是笑到最后的那位被记住的人呢。

每个小人物，都可能会成为一个领域熠熠生辉的一颗星。每只毛毛虫，只要够努力，都会破茧成蝶，然后张开翅膀，飞翔在天空。

其实，每个人都应该互相尊重，无论地位高还是低。学会尊重每一个普通人，能让你越走越远；有沉着谦虚的心态，能让你看到更美的风景。

更重要的是，谦逊的人身上都发着光，很美的光。

生活的高手，从来不让
情绪控制自己

小白是我们团队的主持人，姑娘什么都很好，就是死轴。经常因为一句话读不清楚不吃不喝，有时候差点把录音设备砸了。

结果呢?

越读越差，越努力越失意。越失意越悲观，越悲观越觉得自己什么都不是。

大学那年，她参加同学生日party，所有朋友在楼下等她一起去一家特别棒的餐厅吃饭，那餐厅很难预订，过时间就要再等很久。几个姑娘在楼下给她打电话让她快点，可她有一句话就是读不清楚，读了快二十遍，半小时过去了，楼下姑娘牢骚满腹地冲了上去，结果看到她对着录音机大发雷霆。

要不是姑娘们及时赶上去，录音机肯定是要被砸了的。

那天，朋友生日也没去成那家很棒的餐厅，几个人在一家小餐馆吃的饭，那顿饭对小白来说极其漫长，因为所有人都在指责她浪费时间，耽误了一个美好的晚上。

而她不停地抱歉。

那天回到宿舍，她坐在录音设备旁边，忽然发现，这句话读得通顺了很多。

她忽然开始后悔，要是她没有被情绪左右该多好，那样就会又吃上了好吃的，又没有得罪朋友，最重要的是，这句话也读清楚了。

后来，她在工作中学会了深呼吸，遇到过不去的时候，就赶紧换个思路再回来，效率果然就高了很多。

人是一种很特殊的动物，因为有喜怒哀乐而变得和其他动物不同。不幸的是，人总是会被情绪左右，有时候兴头来了，去你的天王老子，我都可以不管；有时候high了，管你明天上不上班，今天咱们喝到尽兴。

可是之后呢？

第二天一定头疼，头疼就上不了班了，然后被老板骂，甚至丢了工作。

这种生活状态很让人向往，尤其是对我们这种江湖人士，随性一点，自由一点，日子确实能舒心愉快很多。

可如果是团队合作，涉及工作事业，总被情绪这样左右的人，到底是会吃亏的，或者把队友坑了。

换句话说，如果只是一个人，随心随性更招人喜欢；可是如果是一个团队合作，情绪这东西，能少一定要少。

曾经有一个导演跟我说，他的一个女性朋友负责他跑路演的一站，那是他们第一次合作，本来以为这姑娘很靠谱，人也很不错。

不过整个团队到了影院，才发现没人接待，展板也没做好，最重要的是，整个电影院零零散散地就坐了几个人，宣传几乎没有。

那场活动办得一塌糊涂，导演回到北京，才知道那个姑娘非常情绪化，这两天正在和男朋友吵架，一气之下把手机关机了，谁也不想找，自然工作也没有做。的确，这一关机，自己爽了，把整个剧组给晾在那里了。这个导演后来再也没和这个姑娘合作过，甚至也很少联系。

他说，她实在是太情绪化了。

的确，当你遇到一个超级情绪化，整天被情绪掌控的队友，将会是一件非常麻烦的事情。

我曾经有一个朋友，去一家五百强公司面试，人家决定要他后，他问了别人一个问题，当没有得到满意答复后，他转身就走了，没有签。

我问他，你问的啥问题？

他说，我问他们老板结婚没，他们说，没。我去，四十岁还没结婚，肯定是个工作狂，我可受不了半夜三更给我打个电话叫我起来加班的生活状态；而且，一个性生活不和睦的老板，情绪会非常不稳定，上午笑嘻嘻下午就开始骂人，这样你让我怎么和他一起工作？

事实证明，是真的。

那个老板是出了名的坏脾气，经常半夜三更因为PPT上的一个标点符号错了让员工起来改，员工几乎都被折磨到半死。

其实假如他能控制住情绪，改一个PPT这种事情根本不用那么着急，明显可以第二天去做，何必非要大半夜把人叫起来去折磨他。所以，可见有一个情绪稳定的老板是多么重要。

当遇到一件大事时，底下的人乱成一锅粥，领导跟着一起乱，团队不散才怪。

其实生活也是，这些年，我特别佩服我父亲的一点，就是他从来不把工作的事情放到家里，我在生活中从没听过他抱怨工作中的种种问题，虽然等我长大后才知道他的工作也有过不顺心的时候。

大多数情况，他回到家就丢掉了工作上所有不顺心的事情，偶尔我能看到他挤出的微笑，在他心里，工作的烦恼不能带到家里。

这点很伟大，我知道很多孩子因为父亲看球输了就挨了一顿打，因为母亲输了一局麻将就没饭吃，而且这种情况比比皆是。

孩子时常莫名其妙，总觉得好像是自己做错了，其实不过是大人的情绪衍化成找碴儿，他们被情绪左右，最终把一件事情变成另一件事，负能量放大，受害者变多，最后得不偿失。

何必呢。

这些年，我越发觉得稳定的情绪在生活中是多么重要。遇到事情，深吸一口气，不发怒不抱怨，想解决方案。解决完就松一口气，没解决也不要爆发，毕竟爆发只能造成更多伤害，越亲的人，伤得越重。

不以物喜、不以己悲的状态是让人敬佩的。

生活的高手，从来不会让情绪控制自己，然后做出后悔的举动，他们只控制情绪，变成生活的主宰者。

这些人，是生活的强者。

愿我们都能活成这样。

散去吧，
洪荒之力

○ ◄ ▶

奥运会期间，小姑娘傅园慧火了，满世界的"洪荒之力"，后台有好多广告商给我留言，说能不能把"洪荒之力"和他们的产品结合，写一篇文章，这样肯定火。这些产品五花八门，最搞笑的是还有卖避孕套的。

我让我们编辑看到这样的留言就直接拉黑，编辑很好奇，问，龙哥，你干吗跟钱作对啊？

我说，我不是跟钱作对，而是我不想用文字伤害这个如此讨人喜欢的小姑娘。

如果我因为写了一篇文章变成了围观群众的帮凶，多少钱也不赚。

她说，写个文章怎么就成了帮凶啊？

我说，你要真喜欢一个人，就请你在她太火时不要围观，抓紧散去。

不知道各位是否发现，一个人一夜成名，伴随的先是愉悦，接着是压力，最后，变成谩骂。

不信，你就看看之前刘翔和姚明是怎么从被全民褒奖一步步变成被公众攻击的。

开始，他们是民族的骄傲、中国人的自豪。

接着，是接踵而至的广告费和无止境的出镜，以及媒体大面积的曝光采访。然后，这些名气和金钱变成压力和公众的无限期待。

最后，刘翔受伤了，姚明退役了。

公众："妈的，走你也要给老子走完。""你拿着纳税人的钱是演戏呢？""怎么总是受伤，你对得起我们吗？"……

公众从来都是消费名人，喜欢就夸，不爽就骂。

公众不管对错，不论是非，甚至不去调查，开口就来，打开电脑就评论，当初夸你的也是他们，骂你的，还是他们。

可他们说的是对的吗？

不是，大多数人起哄的，往往不是真相，而是情绪。

人越多，情绪越高，离真相越远，然后变成多数人的暴政。

随着时间推移，能被真理检验的，才是真相。

现在，大家终于对金牌没有那么多期待了，媒体说大众宽容了，不再金牌论了，不再给奥运会运动员那么大的压力了。

可是，当年骂刘翔、姚明以及那些没得金牌者的人，谁又道歉了呢？

○ ◂ ▶

我为什么不支持大家如此追捧一个小姑娘，不是我不喜欢她，相反，我很喜欢她，就因为喜欢她，所以才希望媒体不要捧、大家不要围。

因为，公众当年就是这么捧刘翔的。

因为，公众当年就是这么捧文章的。

傅园慧现在的热度太高，而且评论全部是一边倒，可人毕竟是复杂的，人越多，越复杂。

现在的媒体，都在回放着傅园慧的视频，更新着她曾经的采访。忽然，所有人都开始说：她好可爱，好单纯，好直爽！这就是我们要的纯情少女！她不为冠军，不为金牌，开心就好！这就是我的新晋女神！

可是，你忘了，人都有好多面，每个人早中晚都会有不一样的状态。要是下次你看到她发怒的视频了呢？你看到了她的绯闻呢？万一，我说万一，你看到她骂记者了呢？你会怎么想？中国人总喜欢造神、造偶像，点大的事情，就开始人云亦云地造神，造到最后，伤害自己，毁了别人。

造到最后，往往变成悲剧，到头来没人记得她曾经获得的名次，没人记得她曾创造的作品，只记得这个人，或流芳百世，或臭名昭著。

可人是最多变，也是最不靠谱的。

要是一个人刚好活到辉煌的时候就好了，比如黄家驹，比如张国荣。

媒体当时评论他们，全部竖起大拇指。在人生最辉煌的时刻，将生命一下子玩到尽头，就是永恒！

可惜的是，人这辈子，真的可以活很久。

后半辈子万一犯错了，万一被误解了，万一被黑了，从前的褒奖立刻变成了变本加厉的谩骂，让人招架不住。

毕竟，互联网时代，骂人是没成本的，甚至没人负责，骂了就骂了，也不用道歉。

可是，你是否想过，那些被恶毒语言中伤的人会怎样？他们其实才是最无辜的消费品，一会儿被万人瞩目，一会被千夫所指。

你可能会说，他们是名人，所以就应该承受我们的抨击。

我想说，谁想当名人了，她只是个运动员！

○ ◀ ▶

如果不应该去追捧一个人，那应该追捧什么？

美国有一个民谣歌手叫Stephen Foster，我想，这个人很少有人熟知。我一开始也不认识，但我在一次备课的时候，看到了他的名字。

出于好奇，我在网上搜索到了他的作品，听歌的刹那，我震惊了。

因为他写的歌曲，全是耳熟能详的作品，不仅出现在迪士尼动画上，还成为很多影片的主题曲，朗朗上口，如影随形。

　　如果有可能，你现在去听听这些歌曲，旋律优美，发人深思。

　　Oh! Susanna，*Camptown Races*，*Old Folks at Home*，*My Old Kentucky Home*。

　　他活的时间不长，三十七岁就离开了这个世界。临走前，他的愿望是：

　　希望我离开这个世界后，大家别记住我，记住我的作品就好。

　　他的话应验了，因为近二百年后，大家依旧传唱着他的作品，没人表扬他，没人咒骂他，更没人伤害他，他的作品流传了下来，被万人熟知。

　　我查了一下他的家事，他的婚姻不幸福。可是，这些重要吗？

　　私生活是他自己的事，欣赏他的作品，才是群众的事情。

　　所以，一个人被关注的，应该是他的作品、他的成绩、他的经历，而不是他的八卦、他的婚姻和他的生活。

　　傅园慧也是一样，明明是奥运赛事里一名可爱的运动员，现在已经被扒出感情史和父母、家庭。下一步，是不是要查她的住房，扒她的资产，采访她曾经骂过的人？

　　我想，我们都不愿意。

　　所以，散了吧。

　　没有围观，就没有伤害。

　　别过分宣传，更不要过分关注，乐过就好，该散就散，做好自己的事情，比什么都重要。

这些年，我们走入一个奇怪的圈子：先造神，造了神，因为一些负面新闻，把他拉下神坛，围殴，围殴完，再造新的神，继续拉下来，继续围殴……周而复始，无止境。

那请问，既然如此，为什么当初不客观一些、不冷静一些，去看那些和我们一样，只是某方面强大的普通人？为什么非要盲目地爱，然后冲动地恨？为什么不去思考突发事件和爆红者的背后，真相是什么？

这些真相，比起哄围观，更重要。

真相往往很难得知，而谣言总是越传越远。

○ ◂ ▸

为什么我不喜欢说"洪荒之力"，不想使劲夸傅园慧，因为我不了解她，不能通过一个视频几个采访就下结论她是什么样的人，更不能通过几个路人甲的分析就确定真相。

所以，我保持怀疑，而且，冷静客观地喜欢着她就好。

这样，如果以后再出什么后续新闻，我也不会谩骂，不会失望，也会多一些谅解，多很多宽容。

我写这篇文，不是为了他们，而是为了每一个人。

互联网时代，谁都可能很快暴露在聚光灯下，一夜成名。你和我都可能是下一个傅园慧，说出下一句"洪荒之力"，最可怕的是，谁也不知道自己是怎么火的。

此时，你更需要大多数人的宽容和谅解。

这些年，我一直在写文章和创作，有人不喜欢我，也有人喜欢我。

我很感谢，但想很理性地说，喜欢作品就好，别爱人。

毕竟，网络世界，乐乐就好，别太当真。有用就拿走，没用也别谩骂了，好吗？

忙去吧。

散了吧。

因为他发光，所以
我想努力靠近

▭▭

为什么喜欢一个偶像?

因为爱他，能让自己变得更好。

爱一个人，怎么会让你变得更好? 不是应该爱自己，才会让自己变得更好吗?

在一无所有的时候，有一个爱的人，他是光，是人前进的方向，但当羽翼成熟，就需要爱自己的翅膀，没人引路，就只能靠自己翱翔。

我来跟你讲三段故事吧，三个故事，关于我的，关于我看到的，关于我经历的。

那年，我在军校读书，对未来一无所知，浑浑噩噩地过，又不想浪费时间，于是，开始混迹于各个大学的讲座现场。

那是一个夏天，我参加了在北语的TED演讲，现场观众很多，演讲者也不少。那天的演讲，和往常一样，到最后已经记不得还有谁了。毕竟，演讲如人，人无聊，讲的东西也好玩不到哪里去。

忽然，一个胖子用功夫熊猫的方式出场，缓缓讲着他的故事。他讲得很吸引人，几分钟，就把听众拉入了他的演讲。二十分钟，现场除了掌声，就是笑声，直到结束，意犹未尽。

这个人叫古典，新精英创始人，职业规划师，写了一本畅销书，名字叫《拆掉思维里的墙》。演讲结束，我立刻买了这本书。

年轻时很容易"追星"，迷失时很喜欢找光。那时，我在网上搜索拜读了他写的所有文章，关注了他的微博，从第一条读到最后一条，后来惊奇地发现，他竟然也曾经在新东方教过英文。

我时常会看他写的东西，他的书我买了几十本送给朋友，我打听他最新的演讲，时不时地去蹭课。

几年后，我也变成了新东方老师，之后，我辞职开始拍电影写书。在第一本书交稿的当天，编辑问我，要不要找几个名人推荐一下你写的作品啊？

我说，能找谁呢？

编辑问我，你想找谁呢？你说名字，我们一起找。

我说，我想找一个人，叫古典。

她笑了一下说，怎么还有人叫这个名字？他认识你吗？

我说，他不认识我，但我试试吧。

我抱着试试的心态在古典的微博里写了一封很长的私信，写我如何认识他和他对我的改变。没想到，两天后，他竟然回复了。

我把稿子发给他时，他正在丽江陪父母游玩。那天晚上，他把序写给我，还附了一张他和父母游玩的照片，他的一张笑脸几乎占了一个屏幕。

看到照片，我忽然笑了，因为，这是多么亲切的一个人！笑着笑着，我忽然感动了。毕竟，几年前，他在高高的舞台上，我在台下看着他，光照在他的脸上，我在黑暗中。而现在，我能请他作序，能收到他的回复。

后来，我去新精英帮他做讲座，也时常推荐他的新作品。渐渐地，我和他的距离近了许多，他或许不再发光，但他一直是我的老师。

如今我走的这条路，和他截然不同，就算见面我也没办法向他请教如何拍电影，但我明白：在我最迷茫的时候，他是光，是指引我的方向。而现在，我要用我的翅膀，展翅翱翔，但光一直在，从远方到身旁。

○ ◀ ▶

2013年，五月天在石家庄开演唱会。

我和几个朋友从北京出发，在火车上，我认识了一个小姑娘，她穿着阿信设计的猫头鹰汗衫。

我们很快就认识了，因为共同话题而打开了话匣子。

她告诉我，她现在在读大四，马上毕业。过去的一年，她如何勤工俭学，如何省吃俭用，终于买到了五百元价位的票，加上来回的火车费和食宿，自己存的钱，刚好够花。

我说，为什么要这么执着地看演唱会啊？

她说，她在最无助的时候，是五月天的歌，在无数的夜晚给她希望，让她看到光，让她不再迷茫。2012年他们来鸟巢时，因为票很快被抢光，黄牛把价炒得太高，她买不起，家里条件不好，无法开口找爸妈要钱。所以，她只能在宿舍打开手机免提，听着朋友从现场发来的欢呼。那天，她在电话这头，听着听着，就哭了，她告诉自己要好好赚钱，以后买得起演唱会的票。

后来的一年，她早出晚归，不仅戒掉了游戏和淘宝，还找到了两份兼职。她干得很出色，一家创业公司答应在她毕业后签她。终于，她有了足够的积蓄，虽然不多，但她买得起票。

她说到这里时，笑得很开心，嘴角上扬，自信迷人。我们加了个微信，演唱会结束后，我看见她发了一条朋友圈：谢谢你阿信，我要更加努力，下次，我要离你更近。

2016年，五月天《自传》开始宣传，8月，在鸟巢连唱三天，开票那天，五分钟售罄。我在淘宝上买了黄牛票，每张贵了几百块，正准备抱怨，我看到了这个姑娘朋友圈的更新。

她晒的是一千八价位的，一层，前十排。配图上，只有一句话：阿信，一个月后见。

我翻了她的朋友圈，过去两个月都没有更新，两个月前的朋友圈，只有一条带简单的配图。那是北京的夜，凌晨两点，文字依旧简单：我想，我已经爱上了北京的月光。

她在一个创业公司，毕业后，从零做起，现在，她已经成了一名高级主管，收入破万。这次，她买的票是黄牛票，而且，她买了前十排的。

这次，她终于没有心疼钱，我想，她用实际行动证明了自己的价值，证明了她会看到曾经的那道光，那道在她一无所有时的光，那道曾经遥远现在无比接近的光。

我给她留言，说，8月26号见。

她说，好的，龙哥，好久不见，我们终于还是变成了更好的自己呀！

我笑了，我想，我们会一点点地往上爬，会离那个发光的人越来越近，说不定，我们也会成为照亮别人的光。

○ ◂ ▸

我的朋友喜欢找我喝酒，因为他们说跟我聊天的时候，心情总会特别好。

这些年，我也变成了别人眼中的光。

一次签售，我遇见了一个一只耳朵失聪的男生。

他说要跟我合照，我说，好。

签售结束后，他等所有人都离开，忽然走过来，跟我说，龙哥，谢谢你，我想跟你说两句话。

我说，好，你说。

他说，我从小就有一只耳朵失聪，后来，一次偶然机会，在微信上看了你的文章。你告诉我，有时候世界很浑蛋，可命运毕竟在自己手上，你改变不了它的浑蛋，就要让自己变得坚强。后来，我报名了你的英语课，对了，我四级通过了，而且我听力考了二百分。

听力总分是二百四十八分，北京市平均分数应该也只是一百六上下。

我不敢想象他经历了什么，在一只耳朵失聪的前提下，竟然考了这么高的分。

他继续说，我自己买的过来的火车票，提前了一天到，就是想见你一面，当面跟你说声谢谢。

我笑着说，是不是见到我之后很失望，原来长这样。

他摇摇头，笑着，然后说，龙哥，我能拥抱你一下吗？

我说，好，但在此之前，我能跟你照张相吗？

他笑着点头，跟他拥抱的刹那，我忽然看到，他哭了。

我不知道那眼泪代表着什么，但我能明白他的喜悦。那喜悦，代表着他的努力和收获，代表着他离那道光忽然近了许多。

后来，我明白，每个人心里都有一个发光的人，那个人离你很远，但你愿意拼尽全力地去接近他，去学习他，去成为他。后来，你离他越来越近，或许你会发现，你爱的并不是他，你爱的只是内心深处那个更优秀的自己。

随着自己长大，那个发光的人，或许不再那么重要了，或许很快会被忘记。

但在一无所有时，他曾经光芒万丈，他曾经指引过方向。愿我们都能找到自己内心深处的光，接近他，成为他，然后用更亮的光芒，照亮世界的每个角落。

Stand

Out

Or

Get

Out

你要么出众，
要么出局

好朋友
是麻烦出来的

04

别怕麻烦人，好的朋友
都是麻烦出来的

军校管理严格，没事不让外出，有事出门都要跟领导请假。大一那年的一个周末，一个朋友生日，邀请我出去跟他庆祝。我摇头，说出门还要请假，还要麻烦领导，算了。

他问，你和领导关系怎么样?

我说，领导都不认识我，所以更不想麻烦啊。

他告诉我，你傻啊，感情都是麻烦出来的，这刚好是一个增进感情的机会。

我将信将疑，胆怯地拿着请假条去找领导，领导看了假条，居然盖了章，然后念了一遍请假人的名字：李尚龙。我赶紧回答，是我。

就这样，因为一次"麻烦"，我们认识了。

后来，这位领导成了我很好的朋友，他喜欢英语，我基本每周都陪他练口语，我和他都喜欢看书，他也时常借我书帮助我成长。

我曾经写过一句话：等价的交换，才能有等价的感情。所谓等价的交换，不一定非要是钱和权，也可以是麻烦。今天你求我一个事情，记我一个人情，改天你再来还，这样一来一往，感情自然就好了。感情好坏，无非是双方的联结是否够多。

我曾经遇见一个社交达人，他给我讲了自己交友的一个故事：

他自己做事的时候非常喜欢麻烦别人，如果别人不答应，下次就还麻烦别人，因为那人上次没有答应，不知不觉就欠了自己一个小人情，第二次麻烦他的时候，成功率就高了很多。

如果别人答应了自己，过几天，他就还别人一个更大的人情。这样，两边的"麻烦"不平等，就又多了一个麻烦别人的机会。这样一次次的"麻烦"，两个人的感情也就升华了。

我说，你真有心机，这样交朋友能真心吗？

他说，我问你，那你的朋友凭什么确定彼此是真心的？

我说，因为我们不是为了达到什么目的，而是靠时间的积累，共同经历了很多事情，才升华成现在的感情。

他说，不矛盾啊，因为互相麻烦，其实就间接地给了彼此很多联结，然后赋予彼此相处的时间。时间久了，这感情，谁规定不是真心的呢？据我所知，你的很多朋友也是一起拍电影上课相识相知的，对吗？

我没有办法反驳，因为说得很有道理。

心理学中有一句话：付出才能产生感情。就比如女孩子一般都舍不得自己为之付出过很多的男孩，因为付出过，所以分开的时候就更痛苦。男孩子也是这样，爱得越深，恨得越深。

同理，相互麻烦，才能有付出，彼此麻烦，才能有感情。

读到这里，单纯的你可能会觉得这是什么诡异的感情。我要的是没杂质的感情、不为了什么的感情，你们这样互相麻烦，为了点什么，太世俗，这样的感情不会长久。

可是，你错了，因为不为了什么的感情，才不会长久，因为为的不一定是很现实的东西，不一定是钱和名利，也可能是平时想要打发的时光、伤心时的陪伴、开心时的分享。

试想，一个人刚刚失恋，打电话麻烦自己的闺密陪一下午；一个人找到了工作，请兄弟吃顿饭庆祝。这样的感情会把距离更拉近一步，这样的感情依旧单纯，一样没有铜臭味。

我有一个内向的朋友，几乎从来不会给我打电话，我们从初中认识，十多年老友，他没有求过我做什么。久而久之，我忙起来后几乎想不到他，也是偶尔看老照片和之前的文字才会想他在干什么，然后打一个电话，寒暄两句。一次喝多，我问他，你是对我有意见吗？为什么从来不主动联系我？

他笑着说，我这不是怕麻烦你吗？

我说，你不麻烦我，我怎么知道你需要什么呢，我怎么跟你交流呢，我又怎么好意思麻烦你呢？

他笑了笑。

他是个设计师，后来，我出第一本书时，特意请他做插图，天天跑他家催他交画然后让他改。书上市后，作为感谢，我天天请他吃饭喝酒。于是我们多了相处的时间，接着，我们的感情又回来了。

其实，就是因为彼此间一次次的麻烦，才会创造更好的感情。就是因为双方拿起电话一次次拨出去，才能更好增进彼此的情谊。

感情，都是麻烦出来的。不麻烦彼此，也就没有了交流，没有了交流，自然就丢掉了最好的感情。

共勉。

你看我能当演员，
还是当你的朋友？

○ ◂ ▸

　　"孙子""大爷"在北京话里有两层意思，一层是亲戚，另一层，就是著名的京骂。刚认识贺贺的时候，他就是满口孙子时刻大爷，我一开始很不适应，总觉得这小小年龄，怎么嘴巴里都是亲戚。后来明白，这是很多北京人的口头禅，没有恶意，不过是北京人聊天表达情绪的一种方式。

　　我认识他那年，刚开始学习电影，写了人生中第一个剧本——《在路上》。这个剧本，是根据我的真实经历改编的，那时没有投资，没有制片人，更没人相信我能把这部电影拍好。于是我开始在网上组队，发帖请求帮助。

就是那时，他给我留言：龙哥，你看我行吗？

我以为他开玩笑，于是回复了他一句：你可以演棵树，或者垃圾桶。

没想到他认真了起来，说，你大爷，我真的很想演，主要跟你一起做事情一定会很有趣。

他性格外向，讲话直爽，总喜欢去做一些没做过的事。想到这里，我忽然意识到电影中的一个角色跟他很像，于是回复他，你要不要来试试？

我留了他的电话，给了他剧本片段，然后请他到我的剧组试戏。那天很多老师在打分，也有摄影机和其他演员，没想到他表演得很自然，一遍就过了台词。大家都很惊讶，问，你是表演系的吗？

他笑着说，不是，哥们儿就是本色出演。

毕竟，他没有看完整个剧本，他不知道的是，这个角色是一个家里条件一般，上大学还不努力，整天打游戏看片谈恋爱被甩的失败者，并且，没有逆袭。

我捂着嘴笑了笑，他看着我说，龙哥，我这个角色难道不是高富帅吗？

我说，高你个头，回去好好看剧本，对了，欢迎加入龙影部落。

就这样，我们开始了第一段合作，这是我第一部电影，无论是制作还是磨合，都给了我惨痛的教训。

这段惨痛经历的背后，让我明白以后拍戏工作都要跟人签合同，要不然，剧组的人就会越来越少，你却无能为力。

贺贺一直陪我到最后，拍完所有的戏。

记得那段日子，我们在零下十几度的北京拍摄秋天的戏，演员冻得脸色发红，一遍遍地忘掉了台词；我们被人从一个小区赶到另一个地方，四处奔走，只是为了拍出一个理想的镜头。

是我自己技术不过硬加上基本功不扎实，让整个电影节奏和质量出了很大的问题。

后来，电影上线，反响平平，没有人夸，也少有人骂，不温不火的，很快也就没人去讨论了。

几天后，我们进行了低调的电影首映会，接着，剧组解散，各奔东西。贺贺经常发信息：龙哥，啥时候再拍一个啊。

我说，好，别着急，下一部一定要比这一部好。

○ ◀ ▶

一个月后，我从阴影中走出来，继续动笔写剧本。那天，我结笔写完了《变质的选择》，讲的是一对大学四年一直在一起的情侣因为买不起房而被迫分手的故事。我对这个世界发问，如果爱情和面包不可兼得，究竟应该选择什么？

我问过贺贺，他给我的答案让我很震惊，他说，跟我有什么关系？

他从小生活得无忧无虑，家人都在北京，不算有钱，也饿不着，所以，他不担心这些，只关心这东西好不好玩。

后来，这个剧本很快就进入了拍摄阶段，我打电话给原班人马，那时，许多人已经各奔东西，没想到的是，我的电话竟然让大多数人回来团聚了，多方协调后，贺贺出演男一。

开拍前，我跟贺贺说，投资少，片酬不多，还来吗？

他说，我不要片酬，你把我脸拍小点就好。

开机前一天，他忽然拉肚子，难受得受不了。我知道后心急如焚，跟监制在群里说能不能明天先别拍男一的戏，往后协调。监制说怎么可能，明天就开始了，你让我怎么从头安排。正在我们争执不下时，贺贺在群里发了一条信息：我明天准时到。

早上六点，北京的天还没亮，我们抬着设备，坐最早的地铁，赶往北京的郊区。他靠在杆子上，不停地撞醒又睡着。我挂着耳机，听着歌，看着这帮兄弟，忽然很感动。

拍完戏后，我把手搭在他肩膀上，说，辛苦了兄弟，虽然没片酬。

他说，滚滚滚，别提钱，就当为你个傻子行了吗。

第一次让人骂了，还能这么感动。他继续骂骂咧咧的，像是用情绪表达兄弟情和终于拍完了的快感，而我就在一边傻笑着。其实，那时我早就习惯了他的京骂，甚至还会模仿两句。直到今天，我还会怀念当时的日子：虽一无所有，但全力以赴的每一天。

后来我们电影杀青，投资人的钱被花光，而我，也几乎花光了自己所有的积蓄。

杀青饭时，制片问我今天吃什么。

我说，要不随便吃一顿得了。

贺贺看出我囊中羞涩，于是走过来跟我说，龙哥，要不今天去大兴，在我家那边，我请大家吃饭，晚上唱个歌喝个酒，大家开心一下。

我虽不好意思，但又无能为力，只能说好。

那天，我喝得烂醉，贺贺也喝得恍惚，我记得他说了一句话：龙哥，在北京，我虽然不算什么，但我要告诉你，你只要来大兴，我保证你饿不着，这是我唯一能做的。

我说，我不至于饿着，就算饿了，也不会到大兴要饭啊。

他说，给你丫孙子脸了是吧，不来就不来，以后别来我们北大啊。

我说，你什么北大啊？

他说，北京大兴啊。

……

当夜我喝到断片儿，不记得还说了什么，只记得第二天，贺贺猥琐地笑着对我说，孙子，你还记得昨天晚上说了什么吗？

我说，我不记得了。

他开玩笑地说，你跟姑娘表白了，我可拍了视频啊，下次我给你丫发网上去。

说完，他笑得前仰后合，搞得我一头雾水。

之后，我们成了很好的朋友，还一起拍了很多作品，虽穷，但却开心着。

我曾经写过，一无所有的时候陪着你的人，应该是一辈子的朋友，一无所有时陪着你的姑娘，都应该娶回家。贺贺就应该是我能交一辈子的朋友，可是，如果不是那些天，如果那时候我没那样做，也就不会这么久彼此都没有一个电话、没有见一次面，就那么分道扬镳，分散在江湖。

○ ◀ ▶

2013年年底，我的工作到了瓶颈期，每天不停地上课，日子像上了发条，有规律无意义地转着。我每天上十个小时的课，头发胡子长期不剪不刮，很累，却很少思考自己为什么这么累，我需要突破，却频频受挫。我开始拒绝梳妆打扮，不修边幅地去抗争这个世界，每次照镜子，我都会深深地讨厌镜子里的那个人。

于是，我打电话给远在地球那边的美利坚的姐姐，说，圣诞节那天，我去看你吧。

波士顿那边的她刚刚经历了爆炸案的恐惧以及和男朋友的分手，她兴奋地说，好啊，不过飞机二十多个小时不好受，你最好叫上一个人能在路上陪你说话。

我发了一个朋友圈，问，有谁想要去美国吗？

忽然一条信息映入眼帘：管机票吗？管住宿吗？管伙食吗？

这种无聊的玩笑，一看就是贺贺卉的，我说，管屁，我可以当翻译当导游。

他说，你等着，我问下我爸妈。

几分钟后，他让我发给他航班信息。我发过去后，他说，票订好了，跟你一起，带你飞，不用客气。

我一脸雾水，说，哥，你签证还没办就买票啊？

他很惊讶，说，还要办签证？签证是什么东西？

……

好在他很顺利地过了去美国的签证。那时，他大四，马上面临着毕业，父母已经给他在北京安排好工作。在路上，他跟我讲他的故事、他见到的姑娘，嘴巴不停地说着，时不时还说两个段子打击我一下，直到他自己讲累了，就在飞机上睡了。

我看着他无忧无虑的，忽然心里无比沉重，看着一望无际的天空，开始思考。从军校离开然后当老师的三年多时间里，第一年有很大的提高，甚至每天都有进步，而第二年开始就已经没有什么飞跃了，讲课不过是谋生的一种手段，每天重复着，原地踏步。刚过去的一年更是这样，几乎每天都在忙，却没有什么收获，自己没有得到本质性的提高，想转行做电影又赔得血本无归。我被困在了这个圈子里，跳不出来，也扩大不了。我忽然开始发问：我的未来何去何从？

我在飞机上不停地问着自己的未来，直到机舱外面全部黑了，我分不清楚是白天还是夜晚，该睡觉还是醒着，除了客舱里的灯，我什么也看不见。记得以前，每次我在迷茫和疑惑的时候，都会跟我姐或非常好的朋友聊天，自己找到答案。他们是指明灯，告诉我要怎么做，分析利弊，给我建议，而那时，我已经快三年没见她了。

飞机到达波士顿时，我因为倒时差上吐下泻，姐姐和同学来接我，除了拥抱，什么也不想说。而贺贺睡饱了，开始不停地讲话，把所有的人逗得前仰后合。

他和大家不熟，于是不停地开我的玩笑，满嘴的京骂，听他讲话跟看电影一样，大家不停地笑。我只是应和两句，偶尔说句滚。看着波士顿的夜晚，身边是许久没见的姐姐和同学，忽然觉得世界很大，而自己好渺小。

在波士顿的几天，贺贺不停地说啊说，而我一直在找和我姐独处的机会，沟通那时的感受，可贺贺英语不好，每次出门就一定要跟我们在一起，然后继续开着我的玩笑。

我心里有事，加上他没完没了地开玩笑，我开始烦了，终于，压抑开始爆发。

那天我们在纽约刚看完球，他继续开着我的玩笑，我忽然开始反击，言语犀利甚至开始骂脏话。在讲完那么长一段话后，我忽然意识到说严重了，但那时愤怒已经冲昏了我的头脑，毕竟几天了，我一直在积压着我的愤怒。

贺贺笑得很尴尬，知道我发怒了，可是他不知道自己哪里做错了，毕竟之前都是那么开玩笑的啊。姐姐见状，赶紧来打圆场，那时我已经失控，把气竟然点燃在我姐身上。我姐从小跟我吵架吵到大，知道我的套路，也没压抑住，跟我开战。于是，那大晚上，劝架、开战、休战、沉默，场面很尴尬，直到我们去了酒吧。

我压抑得厉害，问酒保，你这里最烈的威士忌来一瓶。贺贺补充，再来一瓶。我姐说，再加一瓶。

就这样，三瓶纯的威士忌，一杯杯下肚，一瓶瓶喝光，我不记得那天我们是怎么回去的，我只记得我想把自己灌醉，只有灌醉，才能把肚子里的话讲出来，才能把这一年的压抑释放出来。

那天晚上，酒吧的音乐不吵不闹，Taylor Swift（泰勒·斯威夫特）的音乐刚好催泪，时不时伴随着隔壁桌发疯的喊叫。忽然，一只手搭在我肩膀上：龙哥，我不知道你为什么要跟我发怒，咱们这么多年了，你也知道我喜欢乱开玩笑，我跟你熟才跟你开玩笑对吗？

我没说话，毕竟，我没有生气他开玩笑，我只是想找个借口，爆发出来。

我看着我姐，说：你知道吗，我这次来就是想跟你聊聊我的生活的。过去的一年，我工作遇到了瓶颈，我快走不出去了，可是你呢，不停地跟贺贺贫，没心没肺地笑着，你想过谁是你弟弟吗，你想过我的感受吗？

姐姐忽然哭了，说，你知道吗，自从分手后，我有好久没有这么开心了。我不想管那么多，贺贺和你来了，我真的很开心，就想没心没肺几天，贺贺是个开心果，你又能给我安全感。我知道你们马上要走了，我又要继续一个人在异国他乡去完成我的学业，以前我能给你建议，现在我甚至不能给自己建议。

我把纸递过去，忽然明白，姐姐再不能给我所谓的建议，剩下的路，我要一个人走完，要一个人去闯荡，要自己去做决定。毕竟我长大了，没人能给我建议了。

其实，如果是现在，我一定不会发怒，那时不过是因为自己无能，不过是压抑太久没人讲话，没有针对谁。而贺贺不懂，他从小到大都没人跟他这么讲话，他以为我在对他生气，狠狠地喝完了剩下的酒。

我一直记得那天的场景，因为从那天结束后，他再也不骂人了，跟我讲话也少了很多，我再也没听过他的京骂。

回国后，我们再也没了联系，虽然都在北京，却连个电话都没有。

我们彼此还会给对方朋友圈点赞，但谁也不先开口约对方吃饭。

这一别，就是三年，我只知道，他去了银行工作，朝九晚五，而我顺利突破瓶颈，又拍了几部电影，写了两本书。

就这样，我们三年没有任何交集，没见过面，直到我们谁也不记得是因为什么彼此变成这样。直到今天我在写这篇文章时，才发现，早已经不记得他说过什么、我讲过什么、因为什么疏远了彼此的感情。

○ ◀ ▶

其实朋友最让人感动的，就是默默地帮助彼此。一次电影开机时，我在朋友圈里发了一条求助帖子：北京附近有没有朋友有别墅的，借我们剧组拍一个短片。几天后，监制告诉我，找到了，不要钱，是贺贺帮忙找的，不让我告诉你是他帮的忙，你俩啥情况？

我笑了一下，这家伙，还记仇呢？

拍完戏，我给他发了信息，四个字：有空聚聚？

他回复：好。

后来我新书发布会请他参加，他回我，下次吧，龙哥，加班。

当晚，他的朋友圈里，转发的是我的新书，说：龙哥的新书，谁要我去找他要签名。

没有脏话，没有孙子，没有京骂，平平常常的一句话。

我知道时间残忍，会淡化两个人的感情，会让两个人再也没有交集，无法平等交流。我想找个时间和他见面，甚至我想过我们会在什么样巧合的时候见面，然后释然地问一句：最近还好吗？

后来，我听说他分手了，工作也不太顺，心情一直不好，但毕竟这么多年没见，信息全部断层，连如何开始安慰都不知道，于是时常给他发个信息，转发点好文章给他看。

直到有一天，夜里十一点，他给我发信息：龙哥，啥时候有空，我跟你聊聊。

我看了短信，从床上爬起来，说：就现在吧，三里屯，半小时后见。

他简单地回了一个字，说：好。

那天，我们到了三里屯的一家酒吧，期待许久的见面，原来只用一条短信。

后来，我明白了，其实想见一个人很简单，有时只要一通电话，有时只要一张机票。之所以不想见，是因为心里总有自己认为更重要的事情，认为那个人会一直等着你。直到许多次错过，都变成了永别，许多误会，都变成了不屑。

谁也不知道为什么我们要那天见，为什么要有那条信息，为什么决定马上，或许，我们只是太久没见，有太多误会，也有太多的话需要说。

那天，我们喝到半夜，我再次听到他那些京骂：孙子，你丫可算回来了。

我说，我一直没到哪里去。

最后，他跟我说，龙哥，你记得有次杀青，你喝多了，你说了什么吗？

我说，我喝多了怎么能记得什么呢？

他摇着头说，你说，贺贺，你是我一辈子的兄弟。

我也笑了，我没说谎，从未食言。

他说，孙子你丫要敢食言，我就抽你丫的，我不管你以后多牛，你就是我兄弟。

说完，他忽然静了下来，说，龙哥，我知道之前我说话难听，对不起啊，没想到你会生气。

我说，也怪我小心眼了，抱歉了。

他说，算了，别矫情叽歪了，喝吧！

他笑得很开心，我也是。我忽然想起了我们一无所有的日子，那段时间，有兄弟陪，很幸福。

这句对不起，应该早些说，无论谁对谁，无论在何方。

○ ◂ ▸

其实在我们生命里，有很多朋友都因为一句话或是在一个心情不好的时刻吵了架甚至绝交了，等到第二天起来时，剩下满满的后悔，几个月后，甚至不记得是什么原因弄得剑拔弩张。

别问我怎么知道，因为我和你一样，都做过让自己后悔的举动，都不屑于一句道歉，或放不下身段打上一个电话。

但在青春时，在一无所有的日子中陪伴你的人，都应该用心对待。

一段时间后，我们必然会忘记是什么事情让感情僵化，让关系恶化，让情谊退化，但时间能洗刷所有的误会，淡化许多的痛苦。

有时一个电话，就能挽回一段回忆；一句你好，就能加深一段友情；一句对不起，就能愈合曾经不懂事时的伤口。

无论分别多久，一句你还好吗，就能燃起曾经的青春。

小西，
早日康复

━━━━

这些年，我一直写正能量的故事，不是我不知道世界上没有负能量，只是，我不想这么思考问题，我想把正的、暖的留下来而已。

有朋友问我，世界上有负能量的人吗？

当然有。

那怎么办？

让他学会积极思考吧。

有特例吗？

我想了想，于是，决定写下这个故事。

几年前，我拍了一部电影，叫《断梦人》，故事最后的结局很正能量，结局设计得很巧妙，两个人互换生命，一个人为另一个人去实现梦想。

一个追梦，一个断梦。

暗示的东西很清晰：如果你还四肢健全，就应该勇敢地追梦，与其抱怨指责怪罪，不如改变行动无畏。

那个剧本，我编着编着，就满脸泪水。

因为真实的故事，不是这样的，而是充满颓废。

直认为每个人都能通过自己的努力去改变世界，能挺着胸膛不下跪。

或者，至少改变自己的世界，让自己不摇摇欲坠。

可是，这个故事，无解。

人最可怕的，不是生命垂危，而是精神被摧毁。

○◀▶

他是我战友，叫小西。

名字是化名，当然是化名，因为，我不能说他是谁。

他住在东北的一个小村庄，我去过一次他的家，从最近的飞机场下了飞机，再开八个小时的车，就能到了。

八个小时，速度全部是一百迈以上。

那里的人民彪悍，上车就说了两个字：系紧。

然后就飞奔了起来。

我紧紧地抓着把手，跟司机说，您慢点。

司机大声地喊着，再慢天黑都到不了了！

后来，我们在天黑前到了他的家，穿过一座山，有一条刚好够一辆车驶过的路，司机只在那里减速到四十迈，说是怕剐到自己那辆破烂不堪的车。

过了那条道，又以一百迈飞奔了起来。

我见过小西的家人，跟他们讲小西在军校的故事，说他干得不开心。

小西的家人很诧异，看着我说，怎么能不开心呢？电视上经常演军旅生活，电视剧、电影也都在演，多威风啊！明明大家都很开心，对了，你看过《炊事班的故事》吧？

我没说话，然后，他们继续说了很多《新闻联播》、阅兵、升国旗和《士兵突击》的桥段。

那是我第一次觉得电视害人，有了想砸掉那里所有的电视的冲动。

后来，我没这么干，因为那里除了电视、收音机是他们为数不多能知道外面发生什么的信息源外，也就只有飞鸽了。

电视只能收到几个台，村里的警车谁都可以拦着让司机送一程，因为每个人都相互认识。

一到冬天，街上没人，不是因为人少，而是大家怕被冻死。人死了村里就少了一户，每少一户，互相之间的生活都有影响。

毕竟，人太少了。

那里吃饭可以赊账，因为你逃也逃不掉，家家户户都太熟悉，跑得了和尚，跑不了庙。

小西，就成长在这样一个地方。

许多年后，他问我，你说我的成长是帮助了我，还是毁了我?

我坐在他的病床边，迟迟说不出话。

○ ◀ ▶

小西智商高，初中、高中学习都是全班第一。他说，地方小，没竞争，所以必须第一。

并不是没有竞争，哪里能没竞争?

我问，你觉得，自己为什么能考第一? 除了聪明。

我提前把他想说的说了，因为他一定会说聪明机智这样扯淡的理由。

他想了想，认真了起来，说，因为爸妈总是打我，哈哈哈。

我说，真的假的?

他说，真的，他父亲脾气火暴，母亲也容易发怒，对他的教育就是简单粗暴。他们说，不用讲那么多道理，男孩子嘛，打打就好，道理以后再悟。

我问，你恨你父母这么打你吗?

他说，当然不恨，这不都是为了我好嘛，我们那里都打呢。

就这样，小学、初中、高中，然后高考，在教育资源这么有限的情况下，他超过一本线一百多分。

正在他决定报考什么学校的时候，父母把他叫到一边，说，我和你妈对你就两个要求：第一，去北京；第二，读军校。

多年后，他明白了父母的良苦用心：父亲从小立志当兵，可

215

惜视力不行，加上那个时代，入伍若不找关系，根本不可能，慢慢地，这成了父亲一辈子的痛，子承父业的想法自然而然地就嫁接在了儿子身上。

他懵懵懂懂地看着严厉的父母，点点头，似乎不容分辩，他说，好！我去。

那个夏天，他一个人，背着包，告别父母，坐火车一路颠簸地奔向北京。

就这样，他开始了自己的军旅生涯。

他智商高，学习快，部队的事情班长讲过一遍就迅速记住，考试技巧、禁忌条例能立刻熟记于心；他从农村出来，不怕苦不怕累，很快适应了军队的环境。

可同时，他也学会了抽烟喝酒，学会了溜须拍马，接受了那些奇怪的价值观。

这些东西，在后面的日子，如影随形地陪伴着他、改变着他。

可是对于学习这件事，他潜意识清楚地明白，学习不是为别人学的，读书不是给别人读的。

后来，我们就是在这种环境下认识的。我时常在空无一人的图书馆看见他在角落里翻着军事杂志和兵器类专业书，一看就是一下午。

就这样，我们成了朋友。

有一天，我问他，在部队待着是你的梦想吗？

他没说话，好像在思考着什么，几年后我才明白，他在思考这是自己的梦想，还是父母的梦想。

他回答我，是。

那时的北京天还很蓝，可抬头定睛一看，不仅蓝，还空空的，像那时他和我的心。

○ ◀ ▶

我曾经跟他都喜欢五月天的歌曲，时常两个人坐在一个小餐厅，喝着两瓶啤酒哼着《倔强》。我跟他说，等我们有机会一起去看五月天吧。

他兴奋地说，好啊。

我说，那就把这个当成我们的一个小小的约定吧。

他拼命地点头。

就这样，我们成了很好的朋友。他经常把自己看过的书给我看，我也时常分享自己的读书笔记。

在军校那几年，我交了好多个这样的书友，我们聊自己学习到的，分享自己的梦想。

他算是看书效率最高的，每本书两天就能看完，而且能很快地复述其中的内容。

后来我们一起参加英语演讲比赛，一起参加数学建模，一起参加计算机等级考试。

直到我从军校退学，就很少有联系了。

我走的前一天晚上，约了几个朋友吃饭。我穿着便装，他们都穿着军装，我们打开几瓶酒，说了两句话，就告别了。

临走前，小西单独把我拉到一边，告诉我：尚龙，我挺羡慕你的，父母没有给你施加这么大的压力，让你留在一个地方，你能做自己想做的事情，还能自由地飞。

我说，我也挺羡慕你的，知道以后要从政当兵，而且和父母的梦想一致。

他忽然摇着头，猛烈地摇着，说，这根本不是我要的生活。

我惊讶地看着他，然后问，为什么？

他摇着头，说，不知道，我只知道，这不是我要的。

我没敢继续问，只是拍拍他的肩膀，说，既然决定了，就勇往直前吧，要是不想做，就提早，越到后面，越无法改变。

他想说什么，却没继续。

我告别他，再没了他的消息。

后来，我知道他毕业分配了，家里花了好多钱找了不少人，让他留在北京。

可是，宣布命令时，他一屁股坐在了地上。他的名额被调包，分配到了一个偏远的山区。

当夜，他流着泪，背着包，离开北京。

走前，他给很多人发了信息，我是其中之一：龙哥，我会回来的。

○ ◄ ►

我去看了他两次，每一次他都愁眉不展的，喝酒就是拼命喝，抽烟就往死里抽，我看不下去，就让他别这么折磨自己，毕竟路还长。

只要年轻，就还有翻盘的机会，何况谁告诉你建功立业一定要在北京呢？

他说，你不懂，这不是我要的生活。

那是我第二次发问，你想要的生活是什么？

他深深地吸了一口烟，说，我不知道。

说完，转身离开了。

我远远地看着他，不知道说什么，只知道他不开心，愁眉苦脸的，我想安慰，却又不知道从何处开始。

他后来提交过几次转业报告，可是部队里不放人，说要干满八年才能离开。

后来，我第二次看他的时候，他已经不怎么说话了。

我说一句话，他过好半天才回我一句，反应也慢了好多。

他依旧会笑，但不像是发自肺腑的，好像在应和，皮笑肉不笑。

朋友圈里，只能看见他转载过的几篇文章，最新的一条，是半年前的。他不喜欢接电话，甚至不愿意看手机。

我亲眼看着他父母打给他，他就看着电话发呆，然后等着那边挂断。我知道，他开始抑郁了。

看他闷闷不乐，我跟他说，要不我们去看五月天演唱会吧。

他眼睛忽然亮了一下，过了许久，说，好啊。

这是我为数不多的看到他眼睛亮了的一回。

我给他买了一张去沈阳的演唱会门票，他请了假，一个人去看，我不知道他现场哭了没，但我知道，他看完后，更新了这半年来唯一的一条朋友圈消息，上面留着两个字：梦想。

好沉重的两个字。

我不知道这两个字对他意味着什么，父母的压力、村民的期待、旁人的目光，还是自己的追求。

我不能理解，只是点了个赞，这个赞，我相信他能看到，算是我对他的祝福。

后面几天，他开始经常分享一些文章和图片，他也时常给我打打电话，聊聊最近的状况，我听到他开始笑，心里也温暖了好多。

直到有一天，他给我发了一条短信，说，我要走了，离开这里。

我说，恭喜，想去哪里？

他说，去丽江，开个酒吧。

○◀▶

我想，他应该是找到了自己想要的生活。

可是，并不是。

过了许久，我才知道，他的父母知道他提交了转业报告，连夜赶了过去，他们的沟通再次失败。

父母希望他坚持，但他希望重新开始，父母开始灌鸡汤，告诉他坚持的好处、放弃的悔恨。

几番交锋，不相上下，直到父亲从包里拿出了一本病历，白纸黑字：肝癌早期。

这些年，父亲因为长期生气，又烟酒俱全，开始肝疼、呕吐、头昏，然后去医院检查出肝癌。父母怕耽误小西工作，一直瞒着他，就像小西一直也瞒着他们自己的喜欢厌恶一样。

小西虽然不学医，但也知道癌是什么意思，他像被雷劈中一样，呆呆地站在那里。

一直严厉的父亲也忽然柔软了起来，他缓慢地说，小西，就当为了我坚持，好吗？

一句话、一张纸，让小西彻底崩溃，他想把心里的话都爆发出来。可是，面对瘦弱的父亲，自己什么也做不了，他跪在地上，拼命地点着头。

他说，我坚持，爸妈，你们回去吧。

几天后，父母离开，留他一个人在那里。他受不了安逸平庸的生活，受不了无事生非的钩心斗角，受不了没有感情的勾肩搭背。

父母让他坚持，可是，每天都在煎熬地生活，无疑是慢性自杀。

后来，他有了几次可以调动的机会，他自己也不想动了。

别人问他，你不是一直想回北京吗？

他叹口气，抽着烟，说，算了，还折腾个啥。

慢慢地，他变得不想出门，甚至不想和人交流，就整夜整夜地失眠。

医生来过几次，效果有，朋友说，一段时间后，小西确实变得外向了不少，但他开始砸东西，开始骂人，甚至时常挑衅动手跟人打架。

他的抑郁症，变成了狂躁症。

我曾经看过一本书叫《天才在左，疯子在右》，清楚地知道，这世界上所有得抑郁症、狂躁症的疯子，都是曾经的天才。可是，是谁让他们变成疯子的？是社会？是亲人？还是自己？

我不知道，我只知道，他疯了。

他开始疯狂地伤害别人，时常莫名其妙地和别人发生口角然后拳脚相加，要么砸东西，要么攻击人，他被捆在医院，打了镇静剂。

医生说一部分原因是压抑，另一部分原因是喝酒抽烟。

我清楚地知道，他一辈子都在压抑，家庭的压抑、工作的压抑、内心的压抑……这些压抑，从来没有停过。

终于，爆发了。

从内爆发了。

○◂▸

我再次见到他时，在精神病院，他不停地讲着话，甚至还高谈阔论领导人的姓名。他说自己跟谁是兄弟，说自己一个政策下去就会改变这个世界，说自己曾经在哪个地方当过什么官。

医生说可能是狂想症。

我说，不是，他没有狂想。

因为我清楚地知道，大学时，他告诉我，自己想要成为父母官，想留在北京，就在体制内，成就自己的霸业。他说，想用自己的知识，去改变这个世界，哪怕，只是一点点。

这不是狂想，而是他曾经的梦想。

曾经破碎的梦想。

我走进病房，带了些水果，见了他。

他记忆力没问题，还认识我，看我走过去，笑着说：龙哥，你来了，我给你讲个笑话吧。

他笑着，我却眼睛红了，可他，一直笑，笑得没心没肺，然后大声地说着话，讲着一些我听不太懂的雄心壮志。这些故事，大多数他都要强调一下，在北京。那些像是他的经历，又像是他的伤心事。

我想起大学时期的小西，完全变了。

他经历了什么？他的家庭、朋友、工作，都对他做了什么？或者，他又对自己做了什么？

我待了一天，就转身离别，我不愿看到他的狂躁，怕看着看着就哭了。

我跟小西认真地说了一声再见，他意识薄弱，感觉我起身，脱口 一 句：龙哥，什么时候，再一起读书啊？

我转身看着他，他没抬头，余光看着我，我久久不能平静。

走在路上，我忽然在想，如果他当初坚持做自己，如果他再勇敢点，如果他不去讨好任何人……如果……

可是，人生，哪儿又有那么多如果呢？

哪儿又有那么多以后呢？

哪儿又有那么多假如呢？

人生，只有此时此刻，只有最好的自己。

223

回到家，我翻开手机电话簿，打了几个电话。

那些我曾经一直说约吃饭却没时间的人，那些我一直说想见却嫌堵车的人，那些我想念却一直不好意思说的人。

我推掉了几个活动，推掉了几个不想见面的约。

打了几通电话，给一个姑娘、几个兄弟，当然，还有许久没见的父母。

我不想拖了，想做的，现在就做吧。

在这本书里，我写了很多来不及道别的故事，写了许多来不及道歉的文字。一直以为我们都年轻，却不知道命运的沉重，时常把我们拖到生活的边缘，然后把无数对不起，变成来不及。

愿你读到这里，能有勇气去做自己喜欢的事情，能去爱自己爱的人。

另外。

小西，早日康复。

一个逗×的
情谊

○ ◀ ▶

认识老鱼的时候，就觉得他和别人不一样。那时候我在新东方当老师，带了很多班。因为是暑假，大多数同学都是被家长逼着来教室的。那年，老鱼高考刚结束，一身肉，总是扯着嗓子笑，一笑恨不得让世界都颤抖，每一声笑都如此豪爽。

那时每个班气氛都一样，所有学生上课发呆，下课睡觉，高三一年的教育让人麻木不堪，他们互相不打招呼。只有老师在讲段子的时候，下面的孩子眼睛里才会发出久违的亮光。

只有这个班，气氛好得不得了，让我一度以为这个班是哪个学校组织的集体夏令营，互相都认识，上课才敢有人扯着嗓子插嘴，大家互动的效果如此好。在结课后，我才明白，每个活跃的团队中，都有一个逗×，就像如果一个微信群很热闹，就一定会有活跃气氛的人。

这个人，愿意放下自己的身段跟别人逗×。

这个人，任何人都可以开他的玩笑。

这个人，就是老鱼。

加上老鱼身材肥胖，笑起来整个世界都在摇晃，刚刚十八岁，就长着一张苍老的脸，最可怕的是，他一下课就跑来找我聊人生，问我以后他能做什么。

我心想我怎么知道，于是就迎合他，胡乱说两句。

有一次我实在聊烦了，就说我要上厕所，你等我一下。

结果这货竟然说：这么巧，我也上厕所，咱们路上聊聊……

○ ◀ ▶

这个班，我离职新东方后这么久，还依稀记得每一位同学的笑容，因为他们实在是太活跃，有时候你明明在讲一个很严肃的知识，下面竟然笑得前仰后合。结课后，他们彼此都认识了，都是好朋友，直到今天还彼此发信息聊聊生活上的琐事。

比起我上过的很多班，大家结了课从此分道扬镳地过着自己的生活，这个班的学生，让人感动。

后来，老鱼高分考上了中国传媒大学摄影系，我也辞职，从一名老师，转型为一名电影导演。

那年，我拍摄的电影《断梦人》建组，老鱼给我打电话，问，你需要摄像不？

我说，需要啊，你给推荐一个吗？

他说，给你推荐一个超级牛的，明天给你带过来。

我连忙说，太好了。

第二天，他一个人来了，我说，你带的人呢？

他大笑，那个人见人爱超级牛的摄像，就是我啊，哈哈哈哈哈哈。

我满脸黑线，又不禁想笑，于是和大家商量了一下，心想，那就你吧。

○ ◀ ▶

那时老鱼大一，专业知识乱七八糟七拼八凑，每次我让他拍近景，他都把画面卡在人腿处，执行导演检查画面的时候直接发怒，大喊：老鱼，你摄像跟体育老师学的？这是近景？

一般人被导演凶了可能就愣住了，然后拼命道歉，接着会伤心很久。

可是老鱼立刻调焦拉镜头改正，然后对着执行导演大喊一声：爸爸，别生气！我立刻改。

本来尴尬的场面，忽然所有人都笑得岔气。

拍戏生活辛苦，我们时常拍到半夜，有时候听到鸡鸣，听到洒水车的声音，看到清晨第一缕阳光，就知道又拍了个通宵，第二天就这么来了。

每个通宵，都伴随着疲倦和劳累，偶尔大家打不起精神，总能听到老鱼兴奋地叫：同志们，加油，为了世界和平，为了人类理想。

然后大家异口同声地对着他说：傻×。

老鱼继续笑嘻嘻地说，爸爸们，我错了。

他这么一逗，大家反而清醒了，立刻继续开拍，累并快乐着。

那时的我们，刚入电影行业，投资方没有给那么多的钱，于是开机第二天，我就找到老鱼，跟他说了现在拍戏的状况，我直言片酬不多，但我们共同努力。

他笑了一下，忽然变得很正经，说，龙哥，我想拍戏，想跟你一起拍戏而已，钱都不重要，有钱买不了我愿意。

我点点头，把手放在他身上用心拍了一下，刚准备讲两句深情的话，他说，还有什么废话吗？没有我走了。

说完他就走了。

这家伙。

那时，我们仅仅凭借着一腔热血，为自己的电影梦付出全部，有兄弟，从一无所有，用尽全力去追逐这个世界最美好的一切。

○ ◀ ▶

老鱼是我们的开心果，我们可以无限地开他的玩笑，他都只会笑得比别人更开心，仿佛被我们开玩笑的那个人并不是他。

可是，每次大家乐过，最后收拾器材的是他，换设备检查装备的是他，提醒我拿剧本的也是他，走得最晚的还是他。

每次喝完酒，他就一个人出去打电话。他心里有一个姑娘，那个姑娘叫汤汤，两个人谈了三年多，他每次拍完戏就去她宿舍楼下等她，送她从外地带的礼物。平时就等她，陪她吃饭，陪她上自习。

汤汤，是老鱼的全部。

我曾经问过他，你为什么会这么爱一个姑娘？

他说，她不嫌弃我这么邋里邋遢胖就已经很好啦。

老鱼时常穿着一件破衣服，我总怀疑他是从农村出来的。加上他的心态和能吃苦的个性，我深信不疑他就是典型的农村孩子。

直到有一天，我们有一位导演要考中国传媒大学的研究生，他焦急地跑来找我，问：龙哥，你认识那个学校的导师吗？

我正在想找谁能帮一把，老鱼走了过来：你要找谁，我帮你。

我很惊讶，想他估计又在开什么玩笑，就说，大人讲话，小孩别插嘴。

他忽然变得很严肃，说，我真的认识，应该能帮上忙。

我有些惊讶，真的假的？

老鱼笑笑，说，嘿嘿嘿，叫爸爸我就告诉你。

他总这样，在我们讲正经事时开着不痛不痒的玩笑。

后来我才知道，他根本不是什么农村出来的孩子，他是中国传媒大学子弟，母亲是学校的领导，家里条件很不错，从小不算大富大贵，但也衣食无忧。可谁也不知道，身边这个天天被我们刺激的人，竟然如此低调地隐藏着一些秘密。

或许，他从来没把这些东西当回事，他只是一心一意地学着他的摄像，爱着他的机器，恋着他的女人，跟着他的兄弟。其他的对他来说一点都不重要。

我曾经问过他，你想以后像你妈妈一样，进体制，成为体制里的领导吗？

他说，我觉得也挺好的啊，妈妈在传媒大学干了一辈子，现在也挺稳定，挺体面，进体制也不错。

后来我们开玩笑，每次介绍他的时候，都说，这货是官二代、富二代、别人家的孩子。

此时就听到老鱼大喊：爸爸我错了。然后把脸用双手蒙着，依旧笑嘻嘻，逗×似的笑得无忧无虑。因为他知道我们从不在乎他的出身，因为他不过是我们团队的一分子，是我们的兄弟，仅此而已。

人不能决定自己的出身，但能决定自己这辈子跟谁在一起、成为什么样的人、去哪些地方生活或者爱什么人，这样就好。

○ ◀ ▶

后来，电影杀青，我们在北京做完了巡回的最后一场，晚上，大家喝酒庆功。

所有人都到了，老鱼的女朋友汤汤也来了，大家在一个派对里high着叫着，玩着Xbox，打着台球，尖叫着想把青春燃烧在这个晚上。只有老鱼，非要拉着我们玩骰子，他轮流跟别人玩，说输了喝酒。

大家玩其他的兴起，都狠狠地拒绝了他。

于是他逼迫着我们技术最好的人必须跟他玩，结果一目了然。我笑着看他不停地喝下一杯杯的酒，看着他逐渐泛红的脸，拉了他一把，说，别喝了，去唱唱歌。

老鱼忽然不笑了，他站了起来，转身走到点歌台，点了一首《老男孩》。

旋律响起，唱着唱着，我看见他的眼睛里溢出眼泪，很快，泪水铺满了他的脸。他哭出了声音，所有人都惊呆了，愣了一会儿，又开始笑，毕竟，这是他第一次喝多。他一把搂住我，小声告诉我：龙哥，我会让自己越来越强大的。

我用劲搂着他，拍着他的肩膀。

他抽泣着说，龙哥，我会凭借着自己的双手，让那些我爱的人幸福……

他拉过汤汤，说，姑娘，我什么都没有了，你还会爱我吗？

汤汤把手搭在他身上，说，我都在，老鱼，都会过去的。

我一只手搂着他，把杯子里的酒全部喝了。我咬咬牙，告诉他：都会好的，都会的。

现场，只有我们三个人知道这几天这个胖子身上发生了什么。

○◂▸

2015年11月24日，报纸等媒体铺天盖地报道着一条新闻：中国传媒大学校长因为违反中央八项规定精神被免职。

被牵连的总共有八人。

其中一人，就是老鱼的母亲。

他一边哭一边抱怨着，我知道他不懂政治，也不想去懂政治，只想认真地生活，爱自己爱的人，仅此而已。

但，他懂情。

老鱼告诉我，妈妈回到家，没说话，只是坐在沙发上流眼泪。看见老鱼过来，妈妈赶紧擦干泪水，安慰他。

老鱼看着妈妈的眼睛红了，赶紧帮妈妈擦去泪水。

我说，你看，至少，你还有这么多爱你的人。

他哭着，不停地点着头。

他擦干眼泪问我，龙哥，你有过无能为力却想要让自己变强的日子吗？

我点点头，告诉他，有。

因为，只有自己强大了，才能保护你爱的人。

那天，他唱着《老男孩》，红着脸。我发了一张龙影部落的合影在微博上，只有他的脸，红得吓人，却一直在笑，笑得没心没肺，笑得整个世界在摇晃。

临走前，他醉醺醺地告诉我：龙哥，我明白，你们都会在我身边，我很幸福。

我没说话，怕这个逗×再流泪，可心里却不停地浮现我想说的那句话：老鱼，我们都是你兄弟，天塌下来，我们一起扛。

◯ ◂ ▸

离开时，我请同事送老鱼回学校，第二天，同事在群里说：老鱼你个傻×，昨天吐了我一车。

五秒后，老鱼发了几个字：爸爸，我错了。

这一次，我没有再开他的玩笑。我在手机的另一头，想起了昨天晚上他醉醺醺地跟我说的一句话：龙哥，我想用本事去做一个自由职业者，我要去努力赚钱，我希望让我爱的人都能幸福……尤其是你，我老跟你开玩笑，是因为看你累，看你总不开心，想逗你笑，如果开过了，你别往心里去……

想到这里，我的两行泪忽然流了下来。

每一个逗×，都有一颗柔软的心，都在夜深人静时流过眼泪。这些眼泪，都只给自己看，因为，他们把笑容都留给了别人。他们希望看到别人开心，希望在别人的世界里，没有阴雨，只有光明。而他们自己，就是那一抹阳光。

老鱼，放心，我们会一直开心幸福，一直陪在你身边，你也开开心心的好吗？

彼此充电，期待
更好的相聚

———

○ ◀ ▶

在片场，演员大嘴念了我写的一句词：对你来说，什么重要？钱、地位、名气？

他读完后想了一下，说，我觉得还都挺重要的。我瞪了他一眼，他赶紧跟我开玩笑，说，龙哥，我错了，都不重要，重要的是面子。

乐天愣了一会儿，说，我觉得重要的是情谊。

所有人都愣了一下，没再开玩笑，因为大家都知道，他说的是真的，这些年支撑他的，一直都是情谊。

就像这次开机拍戏，他从中国南边的三亚飞到北京，自费陪我们拍戏一样。六天，他睡了不到二十个小时，却每天都跟打了鸡血一样，临走前，他红着眼眶说：没事，彼此充电，期待更好地相聚。

那年我在传媒大学上英语课，课间去卫生间，一个男生跟在我后面，一侧身，他笑着说，龙哥，听说你要拍电影？

我说，是啊。

他说，带上我吧，我学这个的，从前期到后期都会。

我提上裤子，勉强答应，说，好啊。

那个时候，不说好也没办法，毕竟厕所外还有人排队。可谁也不知道，这一声好，竟成就了彼此这么多年的交情。

我们在一起拍了四部戏：我们在宾馆里谈剧本，出门时发现五道口大雪纷飞，我们重重地摔在雪面上；我们在咖啡厅聊剧情，一聊就是一天，老板远远地看着我们，以为我们在聊什么大项目，乐天用红笔把我的剧本画得面目全非，我再用蓝笔把红色盖上，来来往往，一个好剧本就这么出来了；我们一起在宿舍里剪后期，乐天问我为什么不喜欢睡觉，我说青春就是拿来躁的，睡什么睡？他笑着跟我讲与自己异地四年的女朋友的故事，我笑着跟他讲我刚刚结束了一段不靠谱的爱情。

后来拍《断梦人》，我没有告诉团队这部戏没有投资，硬是把自己的钱发给了团队的所有人，只有乐天和赵程没要，乐天告诉我自己不需要钱，说自己现在钱多得没地方花。我一听他说这话，就泪奔了。

我们认识这么多年，谁还不清楚谁在说谎啊？那时，他在考研，家里花了许多钱，有时候连饭都吃不饱，过来免费帮我拍戏不说，还要贴路费，他说自己有钱谁信啊。可是想到这里，我又不想说话了，因为我又何尝没说谎呢？

拍完戏，我们在博纳电影院做了一场轰轰烈烈的首映，他拿出一千块说帮我垫场地费，刹那，我就知道他肯定知道我的经济状况了。

那时他的父母和异地多年的女友早就催他去找一份稳定的工作，乐天为了兄弟的情谊，跟家人说要考研留在北京。第一次考研失败，他继续跟父母说：再给我一次机会，考不上我立刻回家。

第二次成绩出来后，乐天就离开北京了。当天晚上，我写了那篇文章——《你总要度过生存期，才能谈梦想和未来》。那篇文章我边写边流泪，心想，说好了一起在北京打拼，走什么啊？他临走前给我写了一封信，就离开北京在三亚定居了，后来打电话告诉我，现在的生活很好，让我不要担心。而我工作也在起步，慢慢地，我度过了生存期，有一定的积蓄可以继续拍电影了。

说来很巧，我在写剧本期间，翻到了他给我写的信。那时匆忙，一直没有认真去读，三年后，再次读到，马上拿出手机，打给了他，才知道他竟然换了电话。

我忽然很内疚，竟然这么久都没联系了。后来用微信联系到他，聊了几句。他知道我电影马上要开机，于是，让我把剧本发给他，几天后，剧本上多了许多红色字体。

其实在他之前，我已经找了好几个专业人士看过，只是他们提出的建议我都没采纳。没想到的是，这么多年，剧木方面最懂我的人，还是他。我看完修改后的剧本，默默地点头，这回，没有蓝笔了。我忽然明白，这些年，他的功力大增。

开机前一天，他问我，龙哥，你需要我过去吗？

我说，三亚太远，你别来了，等片子山来给你看成片吧。

他说，如果我一定要去，还有我的位置吗？

我说，执行导演现在是小楠，监制是赵程，你来当表演指导吧。

几分钟后，他发了两张机票的截图，分别是凌晨三亚到北京和六天后北京到三业。

他说，龙哥，管吃住就行。

我说，好。

放下手机，我打给大家，说，乐天回来了，订个酒店吧。

老鱼知道乐天回来了，激动了半天。

乐天不知道的是，三年了，龙影已经不是当年的龙影了，别说管吃住，我们投资都有了，发得起片酬了。

○ ◀ ▶

我和小白在机场等乐天，当接到乐天的时候，已经快凌晨一点了，他变化很大，而我却没什么变化。见面后，他笑着看着我，说，龙哥，现在兄弟们都到齐了，开拍吧。

我们到了宾馆的房间，继续聊剧本，然后聊机位该怎么摆放。两点后，我准备回房间，乐天说，龙哥，拍张照吧，三年了，咱们第一次同框。

我说，好。

第二天开机，我把每个人都介绍给他，乐天很震惊，他没想到我们已经有了行内最好的设备，也有了导演监视器，有了最好的摄影机录音器材和灯光。这部戏，我们还有老鱼、徐哥、郭怡、汤汤、呆韵、小楠、文勇、樊靖、晴宇等一批优秀的新鲜血液加入，我们都不是当年的自己了。

拍摄的几天过得很快，一个镜头我们能拍七八遍，有时候已经很好，但总觉得不够完美，就再拍一次。六天加起来睡眠不足二十个小时，但每天大家都跟打了鸡血一样，一遍遍地拍着，不是不累，而是因为知道青春有限，明白青春无敌。杀青后第二天，我睡了十八个小时，那时我才知道其实我也很累，只是很开心，忘掉了疲惫。

最后一场戏，几个演员在台上飙戏，几个人比着谁哭得更惨谁哭得更入戏。我转身，看到乐天也开始流泪，我把手放在他肩膀上，他说：龙哥，这部戏会火的。

我说，火不火不重要了，重要的是，你们都回来了，而且，大家尽全力了。

○ ◂ ▸

杀青那晚，我们在KTV唱歌，我故意喝了很多酒，躺在沙发上听大伙儿唱。唱着唱着，我有点想哭，就起身去厕所了，刚解开裤腰带，一个声音从后面飘来：

龙哥，这个场景，你熟悉吗？

乐天在我身边，冲着我笑，他继续说，龙哥，还记得我们第一次见面的时候吗？

我把裤子扣上，紧紧地拥抱着他，眼泪夺眶而出。

第二天，我去机场送他，我说，这一别，还不知道要多久才能再见面啊！

他说，龙哥，没事，彼此充电，期待更好地相聚。

群里大家一起刷着屏，说：天爷一路平安。

我开着车，走在雾霾漫天的北京，忽然明白，青春是回不去了，可是，兄弟还在；流年回不去了，可是，情谊永存。

最好的兄弟，就是无论在哪儿，都能彼此挂念，哪怕不相见，也依旧有共同的梦，彼此在平行的轨道中，共同进步着。

你好就好，我就远远看着，不打扰

○ ◀ ▶

广州，一个热闹的城市，天气热，人多。这个城市本来和我没什么关系，除了一个朋友——微哥。

微哥是女生，我的发小儿。因为平时处事雷厉风行，做事靠谱利索，很大气，总是笑，笑得很大声，久而久之，我们就叫她微哥了。

那年，我们两个到北京读书，我考到军校，她考上警校。正因为她考到警校，才给了我几乎每个周末去木樨地改善生活的机会。我们经常在木樨地附近吃饭，那里的许多饭馆，都留下了我们的脚印。

她记得我不吃辣椒，总是笑着跟我说，身为一个南方男人竟然不吃辣椒；我反驳她说，身为一个南方姑娘居然这么胖。

那年，我十九岁生日，生活不得志，在北京无依无靠，空有对未来的理想，却被现实摔打得头破血流。那个生日，我没有跟任何人说，微哥打电话给我，说，要不要聚聚？

我请了假，去了她的学校。那天晚上，我们在木樨地边上的一个小餐馆点了几个菜，她给我点了一瓶啤酒，那是我在北京的第一瓶啤酒。外面已经天黑，车水马龙的马路上，路灯亮得很孤单。

微哥说，你闭上眼睛。

我说，好。

我闭上眼睛再睁开，桌子上放着一小块蛋糕，她说，过生日哪儿能不吃蛋糕。

我愣住了，忽然鼻子一酸，怕眼泪掉下来，然后赶紧说，这么小，你当我要饭呢？

微哥说，哎呀，你看，当年高中同学在北京的，就我来了，冲这个你是不是应该感动点。

我说，嗯嗯，就当我感动吧。

我喝完了酒瓶里的酒，晃晃悠悠地离开了木樨地，那时的北京已经入了春，偶尔能听到鸟叫。出门的刹那，天已经黑了，离别时，我跟她说，抱一个然后再说再见？

微哥说，好啊。

我转身进了地铁，忽然眼泪夺眶而出。那时电话响了，父亲打给我的，我不敢接，不敢告诉父亲我在学校过得不好，这不是我想要的生活。等眼泪风干，我才拨回去，跟父亲说，爸，我十九啦，是个真男人了，不用担心，都很好。

北京的晚上，好冷。

上公交车后，微哥给我发了一条短信：龙哥啊，放心吧，太远不敢说，至少大学四年这四个生日，我都会陪着你过。

○ ◀ ▶

微哥实现了她的诺言，陪我过了四个生日，真的，整整四个生日。

大三那年，我因为参加英语演讲比赛认识了很多朋友，于是包了一个咖啡厅，和三十多位朋友一起庆祝。

那天，那家咖啡厅里人来人往，却很少有人能让我直到今天都记住，因为有些人不过是想来社交，有些人不过是想免费喝上一杯，仅此而已。本想十二点庆祝生日，可到了十二点，因为许多人提前离场，现场不过零零散散剩下几个人。

角落里，是一个人喝酒的微哥。十二点时，她走过来，说，尚龙，生日快乐！她拿着一个盒子，里面装着一件衣服，上面写着一个"龙"字。

那时，一束光刚好打在她的脸上，我忽然发现，她喝得脸红，红得很真，真得很美。

一年后，我的事业突飞猛进。生日party是我和一个有名的主持人一起办的，那天来了许多人，现场十分热闹，一直到两点，人才走得差不多。微哥一直在，快结束时，她才从凳子上起身走过来，看着精疲力尽的我，笑着说：尚龙，二十二咯。

我说，你怎么总是躲那么远不来找我，我都没照顾好你。

她说，你照顾我干吗，你好就好，我就远远看着你就好，不打扰。

那年，她大学毕业，而我，因为工作太忙，太久没有跟她吃过一顿饭。我喜欢过生日，因为过生日能给我一个放松的理由，最重要的是，能给我见到那些好久没机会见的朋友一个借口。

那天，我喝得很高，坐在她旁边，许久，才问：为什么毕业不留在北京？

她笑着说，因为爸妈都在广州，在那里有一份不错的工作，已经决定要我啦，所以……毕业我就要过去咯。

我挤出微笑，说，那我以后去广州就有朋友玩了。

她说，姐以后也是广州人了，记得要经常来听到没！

我说，必须的，我会一个月去骚扰你一次的。对了，广州在哪里？

那时，我还不知道广州和北京在中国是一个南一个北。

她笑着说，不过不管在哪里，你的生日我都会给你打电话的。

我嘴上贱贱地说，哥以后会很忙的，你打电话是要预约我的经纪人的……说完这句话，我的眼泪已经控制不住，不停地流下来，虽然嘴角一直在上扬。

微哥把手放在我身上，她说，龙哥，没事，又不是见不到了。

至少，这四年，我没有食言。我看到你从痛苦变得一天天快乐了起来，这四个生日，我一次也没落下。

谢谢我的青春有了你。

我不喜欢离别，不喜欢分道扬镳，那时天真地以为好朋友就应该到老还聚在一起，有随叫随到的疯狂。可是，这是梦想，是乌托邦，而不是现实。

现实是残忍的，是要离别的，是要经历破碎的，幸运的是，或许，还能经历破镜重圆。

那年，我二十二了；那年，微哥离开北京了；那年之后，我有四年没见过微哥，听说她过得安静而幸福。

这些年，每年我的生日，她都会给我打一个电话，听我这一年发生的变化。而我，时常在夜深人静时，会想起她陪伴我过生日时的那句话：你好就好，我就远远看着你就好，不打扰。

◐ ◀ ▶

我和微哥四年没见，《你所谓的稳定，不过是在浪费生命》上市后，因为签售，路过广州，想到许久未联系的她，于是发了一条微信：我终于要去你的城市了。

她说，我夹道欢迎。

到广州当天已经是下午，我睡了一个小时，就要开始进学校签售，结束时已经九点。晚上九点半还有一个在线分享，全部工作结束就十点半了。

我告诉了微哥行程，微哥问我，那你还有时间跟我见面吗？

我说，我完事估计十点半了，要不改天吧。

我是一个夜猫子，别说十点半，时常一点还和朋友在外面谈得起兴，可是，为什么我要说改天呢。

因为，我知道微哥和长跑四年的男友刚刚结婚，那种幸福，不是我们长期漂泊在外的人能理解的。既然不理解，最好的方式，就是不要打扰，静静地看就好。

可是，她说，改天什么啊，无论多晚，我都等你。

那天晚上，她和老公九点半手牵手走到我住的宾馆楼下，我惊讶地发现，她瘦了，瘦得我快不认识了。

可是，来不及寒暄，因为马上一场在线分享就要开始。我问她，你们怎么这么早啊？

她说，还不是想提前见你。

我说，那你们等我一小时，我做完马上下来。

她笑着说，别着急，安心做，我们去转转，到时候见。

于是我立刻跑上楼，疯子一样地打开电脑，一个小时后，又兴奋地跑下楼，发现她和老公已经等在楼下。

我们去了最近的大排档，她点了一些烧烤，特意嘱咐别人别放辣椒。我说，不用，我已经开始吃辣椒了。

这么多年后，我已经开始吃辣椒，而她也变瘦了。时光最残忍，让许多容貌蜕变，让许多习惯变得无影无踪。

她又点了一扎啤酒，我听着她讲他们两个是如何认识的，这四年他们遇到了什么挫折，如何分分合合，什么时候领了结婚证，结了婚后的第一句话是什么。

她聊着她的近况，聊着这四年的点滴，聊着工作的稳定，聊着爱情的甜蜜，聊着生活的幸运。

听着她讲，我忽然明白，时光很残忍，时光也最甜蜜，因为它能让很多感情升华发酵，变得更美好。

一会儿，桌子上的酒喝完了。

我安静地听着，有时开开玩笑，大多时间只是在笑，一直平静地笑。

吃完夜宵，她跟我一起走在路上，忽然，她说：我跟你讲了我这么多开心的事情，为什么你只是笑没反应？

我说，因为我都知道啊。

她说，你怎么知道的？

我说，你别管我怎么知道，我就是知道。为你开心，为你的幸福开心。

她说，那你为什么这些年很少跟我联系啊？

我吸了一口气，看着广州这座繁华的不夜城，又看了她一眼，说：你好就好，我在远方看着，不打扰。

分别前，我问她，又好久见不到咯，要不要抱抱？

她笑着问老公，可以吗？

老公点点头。

我笑着张开双手，下次告别，就再用点心吧。

○◀▶

　　广州的夜很美，我想到了九年前北京的夜。不同的是，这夜不冷，又或者，一无所有却有朋友陪伴的日子里，从未冷过。

　　我忽然明白，真正的朋友，或许不是时刻联系着，也不是无止境地打扰麻烦，而是在安静的远方看着你好好的就行。

　　他们平时不会打扰，但他们知道你的动向，伤心你的难过、开心你的成绩。最重要的是，他们一直在，从未离开过。

　　无论你在世界的哪一个角落。

　　无论彼此相隔多远。

　　无论时光多快飞逝。

　　一些单纯的情谊、轻声的祝福，从来都在那里，静静地望着。

Stand

Out

Or

Get

Out

你要么出众，
要么出局

没有杂质的
爱情

05

谢谢你，在一无所有的日子
陪着我

━━━━

○ ◂ ▸

毕业那年，我一无所有，想在北京留下。我问小云那疯姑娘，你要陪我留下来吗？

小云说，入了你的手都三年了，不留下来，还能飞哪儿去？

我一把搂过小云，说，那你会一直陪着我吗？

小云躺在我怀里，说，会。

我说，哪怕我没钱没车没房？

小云说，我考虑一下……不过，这些都不重要，只要有你在。

我点点头，说，我要用自己的双手，给你创造一个最美的家。

小云说，只要你开心就好，其他都不重要，我都可以不要。

那天，我牵着她的手，在学校的操场上，一圈圈地走着。

忽然，小云说，我累了。

我看了她一眼，说，要不，我背你吧。

她说，怕你累。

我放弃了背她的念头，说，那好吧，我们回去收东西吧。

因为第二天，我们就要离开学校，后面的日子会怎样，我也不知道。

可小云告诉我，不用怕，我会一直陪着你的。

我们在西三环租了一个单间，一个三居室被拆成五间房，我们，在其中一间。

房间里除了一张双人床，就只有一个布做的衣橱和一张桌子。两个人把衣服揉巴揉巴往衣橱里面塞，勉强够空间，桌子两人公用，她在桌子上，我就只能靠着床。第一个冬天，我们的暖气坏了，我搂着她在两床被子里瑟瑟发抖。她问我，我们什么时候能租有暖气的房子？

我说，咱们明年房租到期就租。

小云说，那我要努力赚钱啦！

我瞪她一眼，说，跟你有什么关系，赚钱是我们男人的事情，从明天开始，我就要加班给你看！

小云在我怀里，忽然眼睛红了。

她说，这两天，你一直在加班，每天回来这么晚，晚饭还不吃，都瘦了。

我拍着她，说，我要给你一个家。

她说，可是，有你在，就是家啊。

我咬咬牙说，还不够。

○ ◀ ▶

每天早上，是出租房最热闹的时候，厕所永远有人。一次小云憋不住了，说一定要尿尿。我一顿敲门，说你快点好吗，门一开，刚准备骂，从厕所里出来一个彪形大汉，我一看尿了。

他问我，我拉个屎你敲什么门？

我小声地说，媳妇憋不住了怎么办。

他说，你一个大男人，让媳妇住单间的时候就应该想到公用厕所啊！

这一句话，让我瞬间崩溃，这是说我呢？

可是，我竟然无言以对。

小云捂着鼻子，立刻冲进厕所，然后很快出来，看着我和那个彪形大汉四目相对。

她赶紧拉了我一把，说，上班去了！

她一路都安慰我，可是，我心里过不去。

那天，我下定决心，一定不让小云再住单间，要给她一个家，我们要住大点的房子！

○ ◀ ▶

　　那之后，我加班回来得越来越晚。每次回家，看见小云侧过去睡着，开着一盏灯，地上倒映着她的影子，安静不喧哗。我换上睡衣，尽量不去打扰她，悄悄地爬上床，忽然听到她说：回来了？

　　我一看，她一直没睡着，就转过去抱了上去。

　　就这样过了好久，我天天加班，三份工作一起做，终于有了一点积蓄，买了一个煮锅，可以煮面，但不能炒菜，因为没有厨房，没有排气扇，炒菜能把自己呛死。于是，每天最幸福的事情，就是两个人躲在房间里煮个面，面被盛起来时，是最幸福的时刻。

　　有一次，小云问我，你身为一个武汉人，能不能给我做一碗热干面？

　　我想了想，说，好啊。

　　于是，我到处去找那种碱面，买了芝麻酱，当天做好，搅拌一下给她吃。她吃了一口，边吃边说，太干了，太咸了，水水水，你想弄死我吗？

　　我摸摸脑袋，说，不好意思，第一次做。

　　她看着我，我也看着她。她忽然说，你说我们能在这个城市待下去吗？

　　我抱住她，说，必须的，有我在呢，哥们儿昨天刚发了加班费，一大笔呢。

她紧紧地抱住我，说，别那么辛苦，我陪你一起努力。

○ ◀ ▶

后来，她也开始工作，我们真的赚了一点钱，搬到了一个一居室；再后来，我们搬到了两居室，慢慢地，我们日子变好了。

可是，这世界总是充满着淡淡的忧伤，不久，她的父亲去世了。

我陪她火急火燎地赶到家里，她的家，在北方的一个小城市。

我第一次看到她撕心裂肺地哭着，哭到眼睛发红，哭到声嘶力竭。我搂着她，不知道为什么，眼泪也往下掉。我不认识她父亲，为什么要这么哭。

可能，因为她哭，我才流泪。

再后来，她让我先回家，她陪妈妈待几天。

于是，我一个人回到北京。那几天，是我在北京这么久，唯一没有她的日子，忽然，我发现自己的奋斗，全部没有了意义。

我不想加班，开始打起了游戏，没日没夜地打，甚至学会了喝酒抽烟。

没有她的北京，处处都冰冷。

不过我想，好在她很快就会回来，回来就都正常了。

我们会继续奋斗，我会用双手给她一个更美好的家，她还会吃我给她做的饭。

直到一个月后，她回来，我才发现，都变了，她跟我讲的第一句话是：对不起，我要回家了。

○ ◂ ▸

她跟我说，妈妈只有一个人，我要回去工作了。

我没说话，就好像早就知道没意义。我把头抬起来，怕眼泪滴下米。

她说，你会有可能跟我回去吗？

我还是没说话，把头抬得更高，然后挤出一丝笑容。许久，我问，我们会经常联系吗？

她也笑着，说，会的，我会在每个晚上等你，记得每天给我打电话。

我们笑着，可是脸上全湿了，眼泪唰唰地掉。

我说，那拉钩，要不然以后再也不给你做热干面了。

她冲过来，一把抱住了我，我感觉一股热流，湿了我的衣服。我刚准备嘲笑她，忽然看见，她的肩膀也被我的泪水打湿了。

她先开口，从今天起，不准看见你哭，你要开开心心的。

○ ◂ ▸

后来，她收拾东西准备离开的那几天，天天哭，我几乎不回家，因为我不愿意看到她从我衣服下抽走她衣服时的痛苦。

两层衣服叠加着，然后被拆开，留下一件，带走一件。

像我们曾经的爱情，像我们曾经的交集。

那天我回到家，家里的东西没少多少，除了她的衣服，什么都在。

记得她告诉我：我回家什么都有，你在北京打拼不容易，能留给你的，我都留给你。

我坐在家里发呆，直到晚上，我感觉饿了，于是走进厨房，才发现那个锅没了。那是我们一起煮面的锅，死小云，你……你拿我锅干吗？

想到这里，我忽然笑了，笑着笑着，眼泪流下来了。

○ ◀ ▶

时光最残忍，淡化的东西太多。

一开始我们联系频繁，三年后，我们就很少联系了。毕竟，她有了她的生活，我有了我的日子。

她二十九岁生日那天，我发了个短信，简单地只有几个字：丫头，生日快乐，又大了一岁。

几分钟后，她回我：是啊，奔三啦，又大了一岁，你要乖乖吃晚饭，听到了吗？

我说，知道了，你也要好好的，新婚快乐。

忽然，我笑了起来。我知道，那天，是她结婚的日子。

我笑，是因为她终于走了出来，找到了真爱，要开始新生活啦！

可是，我这眼泪怎么又不争气地流下来了啊，说好不哭的，这眼泪怎么这么不听话！

我没参加她的婚礼，但我知道，她一定会很幸福。

小云从来不喝酒，婚礼那天，她喝得酩酊大醉。朋友告诉我：她喝多了，边哭边说要吃什么热干面，那里又不是什么武汉，吃什么热干面。

朋友说完笑了。

我陪着一起笑。

小云，你看，我没有哭。

晚上，我回到新家，上个月，我刚在北京付了首付，买了一套不大不小的房了。

我打开灯，一个人走进厨房，打开煤气灶，做了两个菜。

当然，还有一碗热干面。

一个人吃到深夜。

大概一点多，我开车回了母校，走在操场上，忽然看到一对情侣，他们正在夜跑，我跟着跑了两步。

女生说，我跑不动了。

男生说，要不，我背你跑吧。

女生说，别了，那多累啊。

男生冲过去，一下子把女生放在身上，飞快地跑起来。

操场上，是两个人的笑，他们的笑，传到我心里，暖暖的。

愿毕业后有人陪你
颠沛流离

○ ◂ ▸

又是一年毕业季，一个刚认识的哥们儿坐在我面前，他满头油，哭花了双眼。他说，四年的感情，说分就分了，她太绝情了。

的确，四年，女生说走就走。他说，姑娘毕业决定离开北京出国读书，不愿异地，觉得长痛不如短痛，很快，就分手了。

男生哭得像泪人，还一边玩着手机，说，我还说陪她坚持异地一段时间，这回好，连异地的机会都没了，你说我这不就什么都没有吗？有必要这么现实吗？龙哥，你再给我讲几个毕业季就分手了的例子吧，告诉我，我不是唯一被分手的！

我安慰他说，别怕，我身边好多朋友毕业后都结婚了，而且他们很幸福。

他哭得更狠了，说我伤害了他。

这废物……

○◂▸

不过，我说的是实话，我身边很多情侣，毕业没有分手，反而很快结婚了。感情这东西，当路不同了，自然就分道扬镳了；高度不同了，自然就各奔东西了。谈了四年，明明知道对方要出国，为什么不早去挽留她，为什么不早去努力和她一起远行，到毕业了才知道难过，真是废物。

感情这东西，当交流都无法平等时，分手是迟早的事情；强扭的瓜不甜，人家不过是趁着毕业季说个分手而已。没有毕业季，也不过是换个说法，早分晚分罢了。

○◂▸

老赵和他老婆结婚六年了，那年，两个生瓜蛋子刚从人大毕业，老赵跟姑娘说，你要不要和我一起留在北京？

姑娘说，你在哪儿我就在哪儿！

老赵说，我没户口，没房子，没车，你能跟我吃苦吗？

姑娘说，不能。

老赵说，但我跟你保证，你不会一直跟我住单间，我要让你住上别墅，我会用尽全力奋斗，最多一年，我要让你成为最幸福的女人。

姑娘笑着点头，说，好，我等你一年。

两个人留在了北京。

这一年，两个人住在一个狭小的单间里，房间里除了床就只有一个桌子，平时姑娘坐在桌子前看书，老赵就靠在床上办公，他说自己就喜欢躺着；这一年，两个人吃了无数次盖饭，有时候姑娘吃鱼香肉丝盖饭，老赵买白米饭，他说自己不喜欢吃太咸的菜；这一年，每到逢年过节，他都先送姑娘去车站，自己之后再走。

我不知道姑娘陪他吃了多少苦，但我能看到姑娘总是笑，这种幸福，和住洋房不一样，和开洋车不同。是因为有个男人爱她，仅此而已。

一年后，老赵跳槽，厚积薄发，一个月工资过万，他租了一个一居室，两个人的生活质量发生了改变。

搬进去第一天，姑娘忽然发现，老赵不躺在床上办公了，而是坐在桌子前写文件；老赵也不总吃干饭了，开始点菜了；最大的变化是，每次老赵都和她买同一班火车回家了。

姑娘忽然明白，每次躺在床上办公，只是因为老赵知道姑娘颈椎不好；每次吃大米饭，只是因为老赵要攒钱给姑娘买礼物；每次送姑娘先走，是因为他加班不准备回家，那一年，老赵连春节都没回去。

姑娘想起跨年时她打电话给老赵，老赵那边空荡荡的背景音，想起老赵笑着跟她说新年快乐，她忽然哭了。

姑娘走到老赵面前，说，老赵，我们结婚吧。

老赵很震惊，说，你说真的假的。

姑娘忽然眼睛红了，说，真的。

○ ◂ ▸

今天老赵有了自己的公司，我时常去老赵家混饭吃，姑娘总是跟我开玩笑说老赵当年骗了她，说什么我要让你住上别墅，我会用尽全力奋斗，最多一年，我要让你成为最幸福的女人。

姑娘补充，他说了两个谎。

我说，哪两个？

姑娘说，第一，我没住上别墅，今天都没住上。

我说，第二呢？

姑娘笑着说，他说最多一年能让我成为世界上最幸福的女人，他说谎了，从和他在一起的第一天开始，我就是最幸福的。

老赵在厨房里做饭。

姑娘跟我说，小龙，别跟他说，到时候他又要上天了。

我看着姑娘笑得很幸福，但谁知道那一年她陪他度过了什么。毕业，她做好了陪他吃苦的准备，她相信这个男人能帮她遮风挡雨，她清楚地知道，哪怕只有一口吃的，这个男生也会留给她。

最重要的是，她相信他的潜力，愿意陪他一起共建这世界上的美好，愿意陪他颠沛流离。

○ ◂ ▸

　　我把这个故事讲给那个毕业刚分手的男孩子，他瞪着我说，假的吧，哪儿有那么好的爱情故事，然后继续哭哭啼啼的。

　　我起身离开。

　　心想，那个姑娘，甩得漂亮。

○ ◂ ▸

　　我想起老赵，虽然他一无所有，但他从不打游戏，甚至不看电视，他愿意在一无所有的日子里拼命，愿意给他的姑娘看到希望，不愿意让选择他的姑娘后悔自己的选择。

　　他玩命地宠着她。那一刻，他是迷人的。

　　我也想起那个姑娘，她在最年轻的时候可以选择什么都有的男人，但她选择等他，选择和他共同奋斗，陪他建立一个共同的家，而且毫无保留地相信这个男人。

　　她拼命地爱着他。那一刻，她也是迷人的。

　　其实，共同进步的感情很美好，从无到有的互相陪伴更幸福。

　　所以，愿你们在毕业季都不分手，都能从一无所有逆袭成功，最重要的是，无论生活多难过，总有个人陪你颠沛流离。

没有杂质的
爱情

263

○ ◂ ▸

　　刚失恋是人最痛苦的一段日子，就像结合在一起的灵魂，忽然一方撤走，另一方就只剩下血淋淋的空洞。我安慰过很多失恋的朋友，夜深人静，跟他们讲故事，陪他们喝酒，与他们聊天。直到失恋这件事情，真的发生在了我头上。

　　那天阳光照在我身上，可心里依旧阴雨连绵，三里屯附近店里的歌曲，似乎每首都是为我唱的。工作无法让我集中，电影看不进去，书翻开半天却只停留在第一页，我知道自己到了低谷，至于如何走出来，道理都懂，却必须经历时间。这最低谷的时间，该如何度过？

那天下课，我约了好友小君。五年前，我在外校认识了她，那时我读大三，她高三毕业被保送到北京的一所很好的外国语学院。在北京这么多年，她一直像我妹妹，内向不怎么喜欢说话，几乎没有社交，偶尔我叫她看看话剧，请她喝杯咖啡。

那天我发信息给她，哥失恋了，来陪我吧。

几分钟后，她回复，在哪儿？几点？

我告诉了她地址和时间，因为太晚，怕她回家后男朋友有意见，于是赶紧加了一句：能来就来，不能别勉强，别跟男朋友闹别扭，我到时候成千古罪人了。

她说，你都这样了，我不来还算人吗？

我笑了笑，因为在此之前，我找了好几个朋友，他们要不是嫌太晚，要不是有事。总之，按小君的话，他们都不算人。的确，我都这样了，你们还不陪我喝酒，还算人吗？

○◂▸

我喜欢跟人喝酒，尤其是在失恋后的几天，因为喝酒能让我晚上躺在床上很快入睡，减少夜不能寐的挣扎，走出痛不欲生的思考。可是，一个人喝酒，既不能说话，又很难喝多，久而久之，越喝越郁闷。这个时候，如果有个人陪在身边，听你说话，哪怕不说话，陪着你，这段痛苦的时间也能相对好熬一些。

在北京这么久，总感觉朋友很多，但很多时候经常半夜码字，写完东西想找人聊聊天或喝一杯，换来的回答都是：改天吧。毕竟，选择与众不同，就要承受孤独的代价，这时，反而会格外珍惜那些在一些特殊时间陪着你喝上一杯的人。

小君好像刚加班回来，她风尘仆仆地坐在酒吧里，等着我：好好的，你怎么分了？

我说，别问，哥不是让你来安慰我的。

她说，太好了，我最不会安慰人了，我安慰你就一个字，喝！

她点了一瓶威士忌，配着大瓶的冰红茶，满满地倒上一杯，举起杯子，说，啥也不说了，干杯。

出来混这么久，从来没有见过喝得这么凶残的她，今天怎么了，是我失恋了，还是她失恋了？

我喝了一口，她继续叫嚣着，哎哎哎，我都干了，你那里养金鱼呢？

我疑惑地看着她，喝完了杯子中的酒，说，你最近还好吧？

她倒满了酒，说，你问哪方面？

我说，你不是在一家公关公司上班吗？

她说，是啊，上个月辞职了。

我说，为什么？

她说，准备出国读书。

我继续问，考得怎么样？

她说，托福一百一，GRE 三百二，发挥一般吧。

我点点头，说，挺不错的成绩，能申请学校了，可问题是，为什么要出国啊？工作不是挺好的，感情不是也挺稳定的，怎么了，想有更高的台阶吗？

她喝完杯中的酒，瞪着我，说，你丫到底喝不喝，有失恋了不喝酒的道理吗？

○ ◂ ▸

当一个人跟我说喝酒的时候，如果对方不是什么领导，不是强迫我喝到底，大多数情况下我都会不醉不归。不知道为什么，每次在喝多的时候，总能看到对方最真的自己，能听到最真实的声音。我遇到过很多电视上的名人、电影里的明星，在一起吃饭的时候，总是一副高高在上的样子，讲话的时候，瞻前顾后，生怕别人不仰望他。

可是几杯酒下肚后，慢慢地变回了本真，讲出来的话，多少带了一些感情。能跟一个相信的人喝多，讲两句内心深处的话，不会有连带反应，很幸福。

小君似乎有很多故事，她曾经问过我：当你爱上一个爱无能的人怎么办？

我说，他又不是唐僧，要那么博爱干吗，何况又不是性无能，你要么适应他，要么离开他，找一个能爱而且能干的人。

她笑着骂我猥琐，但是很满意地点着头。

小君大一那年，认识了她现在的男朋友，一晃，在一起五年了。毕业后，两人住在了一起，她说那男人很闷，平时不怎么讲话。我笑着说你也很内向，刚好两个闷葫芦在一起，挺配。

她说，滚，我是个性格外向的人。

我说我信了，我是个内向的人。

她一拳打了过来，让我好好讲话。可是我真的在好好讲话，因为每次跟她讲话，她都一副话不多的样子，是她对我隐瞒，还是她对身边的男生隐瞒，又或者，她只是在对自己隐瞒？

她越喝越多，很快，一瓶威士忌快见底了。我坐了过去，把手搭到她肩膀上，说，想哭，就哭吧。

她把头放在我肩膀上，哇的一声哭了出来，眼泪滴到我的脖子里，从热变凉，像极了她心的温度。我问她，你到底怎么了，我才是失恋的好不好。

她说，你只是失恋痛苦那么几天，而我虽然恋爱，却每天都在煎熬。

O ◂ ▸

其实一个人恋爱受煎熬，解决方法特别简单，就是赶紧分手，长痛不如短痛。两个人如果不合适，就一定要提前下狠手，在结婚前，就终结所有的苦难。毕竟，等到结婚后发现不对劲，再离婚的杀伤力更大。

我说，既然觉得每天恋爱都在煎熬，就赶紧分了啊。

小君说，如果真的这么简单，就好了。

三年前，小君在一次聚会上认识了岗子。岗子是个典型的讨人喜欢的大男孩，会帮别人拿包，会帮女生开门，最重要的是，他会讲笑话，逗女生笑。小君虽有男朋友，但却潜移默化地觉得他爱无能，他平时回家就是坐在电脑边上，要么就看着电视，躺在床上时两人就像早就没有了爱。二十多岁的女孩子，但凡有点姿色的，都不会局限于平庸无聊，她们总会找点事情，找点乐子。

岗子单身，见到小君后，立刻就发动了疯狂的追击。

小君和岗子在一起的时候，她会从忧心忡忡变成放心地笑，笑得很开心。她觉得，他们才是一个世界的，他们多情的人，才应该在一起。

一次真心话大冒险，岗子输了，朋友问岗子，真心话还是大冒险，岗子说真心话。朋友问：你爱的人在不在这里？岗子看了一眼小君，点点头。

后来小君输了，她选择大冒险，朋友让她打电话给男朋友说"我想你"。小君硬着头皮打了电话，许久，那边才接起电话。小君羞涩地说，我想你了。

接着，那边懒懒地说，几点了，我先睡了。

那时，才十一点。

饭局后，醉醺醺的小君去了岗子的家。岗子说，那人不会爱，后面的日子，让我来照顾你吧。

小君点头，第二天，她回家收拾衣服准备告别。可是，当看到他们的衣服一层层叠加在一起的时候，她放弃了。

这么多年了，她实在不想放弃。

她想，会不会，三个人中间，我能平衡？

○ ◀ ▶

感情这个东西，永远都是两个人的，神在造人的时候，就考虑到亚当和夏娃必须是一男一女，神只让蛇卷入他们的罪恶，却没让蛇卷入他们的爱情。毕竟，当选择变得多了，爱情也就变得纠结了不少，生活也就复杂了太多。

她徘徊在两个人中间，一个热血中烧，一个踏实稳定，一个能为之爆发强烈的激情，另一个在劳累一天之后能给她最安全的港湾。

很难想象，她在两个人中间，周而复始地平衡了三年是多么累。

她放弃了所有的社交，因为这段三角恋已经占用了她所有的精力；她不敢跟人喝酒，因为怕喝了酒，无意间讲出这个故事。

外向的她，开始越来越不喜欢讲话，因为言多必失。她承受不了放弃任何一方的痛苦，有时候她经常弄混谁跟她讲过哪句话，谁给她送过什么个礼物。

就这样，爱得越来越累，越爱越疲。

她想到逃离这个国度，申请学校出国，这样，她能再也不想这两个人。于是她辞掉了工作，一心一意准备托福考试。她想离开这个国度后重新开始，忘掉这个自己一手制造的混乱世界。

崩溃一点一点地侵蚀着她，毕竟纸里包不住火，终于，她露出的马脚，两个男人见面了。

弱小的，终究是弱小的。岗子很强势，对他只说了一句话：她已经不爱你了，放手吧。

男孩擦干眼泪，转头跟小君说：你要想回来，随时回来，我等你。

小君最终选择了岗子，却在两个月后，被岗子劈腿。

她告诉我恶人有恶报，自己就是个恶人，自己先劈腿，然后被人劈腿，这个惩罚，是自己应得的。

她回到男孩的身边，男孩没说话，只是默默地收留了她。没过几天，男孩告诉她：自己要去乌克兰，他要离开这个国度，最重要的是，他要离开她。

明天，他将会登上去乌克兰的飞机，追求自己的生活。

此时此刻，她哭得稀里哗啦，抽泣地讲着。我已经忘记了这次是我失恋，还是她心碎。她哭得太难受，忘记了这次来喝酒的原因，我听得太难过，忘记了去想自己的悲伤。

喝完酒，我扶着她，穿过寒冷的三里屯，她大骂着：他们两个都是渣男，世界上的人都是渣男。

我喝得也不少，吐了一路。她问我住在哪里，我指了指前面的宾馆，说，住在那里。

她要送我上去，我点点头。

走进房间，她拨通了那个电话，哭着说，我知道你要去乌克兰，可是我现在喝多了，你要不要来接我？

房间里很安静，安静到我能听到电话那边的声音。

电话那边说，小君，其实每次你半夜喝多，我都知道你身边有他，所以，太晚了，我困了，想睡了。

小君喊着，你这个懦夫，为什么不来接我，难道你不知道我爱的是你吗？我告诉你，你这次不来接我，别后悔。

那人说，小君，你真的很无理取闹。

小君气得挂了电话，关上了宾馆的房门，脱掉了外衣，拉了我一把，说，李尚龙，我知道你现在单身，你想泡我吗？

忽然，我笑出了声，我拿起她的衣服，递过去，平静地告诉她：我想你应该知道，谁才是真正爱你的人，谁才是你真正值得爱的人。

她冷笑，你不想跟我上床吗？

我把衣服披在她身上，告诉她，小君，这世上不是每个男人都是渣男，不是每个男人都想跟你上床。美好的爱情，只配出现在洁身自好的纯洁灵魂上，不是吗？

小君惊呆在我面前。

我继续说，回去吧，去求他不要走，不要跟他谈条件，不要用气势压他，他不傻，用心去爱他好吗？就算明天他就离开，今天起，去无杂质地爱一个人，哪怕就一天，好吗？

我说完这话，泪水已经模糊。对男生来说，去原谅一个劈腿的人，去忘掉自己看到听到的，去重新爱一个人，说说容易，做起来，太难。

小君离开我房间的时候，跟我狠狠地拥抱了一下，她说，谢谢你龙哥，谢谢你让我知道世界上还有美好，还有爱情。

我点点头，送她离开后，我掩面而泣。

○ ◀ ▶

几天后，我去了西藏。

在樟木口，我收到了小君的微信，她告诉我，他们最终还是分手了，她明年准备出国。这次青春过得太波澜，愿后面的日子，能去谈一场没有杂质的恋爱。

我在雪山下，一月的西藏，空气冷到骨子里。我拿出相机，雪山的雪，很干净很单纯，冷风吹在我面颊，两颗泪忽然被寒风冻住，晶莹剔透，没有杂质，干净可人。

　　就像那些从来没有被污染过的爱情，就像为了彼此未分开的两个人。

聪明的女孩会
示弱

○ ◀ ▶

　　"他说我没女人味，我这么有女人味，傻×不识货。"这是她
被男朋友甩了之后，一系列反应中最频繁的一句，恨不得每次和我
们在一起都说。

　　她习惯性地强势，我们在一起吃饭时，她经常当我们面问他，
你什么时候才能读完博士出来工作啊；她经常跟他说自己赚多少
钱，弄得他脸上总是色彩斑斓。

　　是男生提出的分手，她说，我就是不明白，论经济基础，我
一个月两万，你还在读博；论家庭，我们家住楼房，你们家住平
房。我不但没有嫌弃你，反而一直爱你，你怎么还好意思跟我提分

手呢？

我说，他怎么说的？

她说，他还特别腼腆地说，要不……我们就不要在一起了。

我说，难道是因为他劈腿了不好意思？

她说，谁会看上他啊。

我说，那为什么啊？

她想了半天，忽然声音变小了，说，可能是我太强势了吧。

我问，举个例子？

她说，可能我老跟他说我赚了多少钱，跟他说自己又见了哪些特别牛的人。可这是我工作的成就，没有炫耀，我以为他会为我自豪啊。

我说，他有什么反应吗？

她说，嗯……我记得有一次他问我，要是他在北京买不起房子怎么办？

我问，你怎么回答的？

她说，我说，我买啊，不用你。

我脸上顿时三道黑线，求包养似的看着这位土豪，忽然明白了什么。

她继续说，你说，我对他这么好，而且实际一点，我们家庭条件也相差这么悬殊，你说他怎么能跟我提出分手。

我说，从你说你怎么"能"和我提出分手的刹那，我就知道你们问题出在哪里了。

她说，哪里？

我说，感情这东西，没有能不能，只有愿意不愿意，不是说你有钱就万能，也不是说你没钱就不能有自由意志。

最重要的是，你太不给那个男生面子了。

她愣在那里，说，都是我赚钱，我这么独立，什么都不求他，我哪里没给他面子了？

我说，就是因为你总是赚钱，你什么也不需要他，而且还天天强调你赚钱比他多。对一个正在读博的男生来说，最不缺的是专业知识，最缺的是资本资源，你总强调他缺乏的领域，他当然会没面子了。

我讲给她另一个故事。

我认识的一个姑娘，是一个杂志社的主编，二十六岁，年纪轻轻却事业成功，月薪两万以上，人脉也很广。

和她不一样，姑娘去年刚结婚，老公也是收入和社会地位都不如她，但她过得很幸福，老公在交流时无时无刻不流露出迷人的自信。

姑娘事业这么成功还能感情良好，原因很简单，因为她深深地明白一个道理：我可以在事业上出类拔萃，但在我爱的男人面前，我就是一个小女人，我就要小鸟依人，我就要什么都让你干，什么事都让你为我做。我只需要做个小公主，安安静静地看着你照顾我。

她很聪明，因为她明白，这样自己可以不用太累，他还会因此多了很多自信。

要知道一个再难看的男人，世界上只要有三个女人说他帅就足够让他自信了：一个是母亲，一个是女儿，另一个最重要，就是他老婆。

一个会撒娇的姑娘，一定比刚毅的姑娘过得舒服，就像一个会哭的孩子，一定比不会哭的吃得饱。

当然你可以跟我说，老娘就是愿意刚毅，就是愿意主导，老娘就是不服，凭什么女人要生娃坐月子，男人难道不行吗？

我想说，上帝造了亚当和夏娃，是有不同的分工的，《圣经》里曾经说过：

创3：16　又对女人说："我必多多加增你怀胎的苦楚；你生产儿女必多受苦楚。你必恋慕你丈夫；你丈夫必管辖你。"又对亚当说："你既听从妻子的话，吃了我所吩咐你不可吃的那树上的果子，地必为你的缘故受咒诅，你必终身劳苦，才能从地里得吃的。"

这句话虽然写得让人深觉充满罪恶感，但暗示了男人和女人的分工本身就不同，一个聪明的女人，一定会努力工作，但在生活中依靠一个爱自己的男人。

哪怕，她真的比这个男人强太多。

就像那个杂志社的姑娘，每次出门的时候，都不会主动买单。她不是买不起，而是用这种方式，提高男人的自信心。

出门时她总是搂紧他的胳膊，虽然这个男孩子的身高和她差不多。

有时候她甚至会撒娇，我们吃饭时，她让男人给她拿餐巾纸。

我看着很郁闷，说，你自己不能走两步吗？

没想到她男人马上站起来，径直走到服务员那里。

姑娘冲着我意味深长地点点头，仿佛在炫耀她的机智。

而那个男人回来时，只说了一句话：老婆，还有什么指示？

女孩微笑着，像领导似的微笑。

不知不觉，我吃了一嘴狗毛。

朋友说，那她不是绿茶×吗？

我说，她只跟自己老公撒娇，怎么能算绿茶×呢？

她说，我做不出那些举动，我认为女人就应该自强自立。

我说，女人独立和我讲的这些不矛盾，优秀的女人，一定是独立自主的，她们内心强大，没有男人也能活得很好，更不会为了男人而活。但她们不会每件事情都自己干，学会适当撒娇和多用问句，学会给男生一些机会和面子，他们开心，她们安心。

她想了想，觉得我说得有道理，然后又使劲摇了摇头，说，感情这么多套路不好吧。

其实，谁的生活一开始就不是套路，谁的情感一开始就满满的真诚？好的套路，是对彼此的尊重，是为了今后更好地真诚相待。

相反，很多人没有了一开始的套路，少了许多仪式感，让本应该完美的感情变得岌岌可危，最终酿成悲剧。

她问我，那按照你的意思，都是我的错咯。

我笑着说，你没错，都是他的错，你不需要错，因为女生从来没错，你只需要给他个台阶下就好。

后来他们复合了。

她告诉我，那几天她一个劲地问那个男生物理方面的知识，一开始他不愿意回答，后来他开始条条都是六十秒的语音。

很快，他们的感情死灰复燃。

她开始在每一句话后面加上一个问句，比如：你觉得呢？你说呢？你的意见呢？

男生拼命点头。

她依旧会买单，但开始在每次逛街的时候撒娇，在每次走路的时候紧紧握住他的手。她开始把话题绕向学术，绕向他擅长的领域。

她说，我能明显感觉到那个男生提升的自信和飙升的幸福感。

她依旧工作出色，而这个男生跟她的关系也越来越好。后来，时常能看到她小鸟依人地挽着这个男生的手臂，背影依偎。

后来她跟我说，我忽然明白了那天你说的女人可以强势但没必要什么都做的意思。

我说，哦？什么意思？

她说，聪明的女孩，一定会示弱，尤其是向自己喜欢的男生示弱。或者，这辈子，只跟他示弱。

别过分干涉
子女的感情

○ ◂ ▸

五年前，我的朋友小马出国读书，在此之前，她和男朋友恋爱四年，男生跟小马说：我等你，两年后，你回来，我们就结婚。

小马娇羞地点头，背着行囊，离开了祖国。

我不能追踪到小马和她男朋友大学四年的恋爱状态，但我明白，两人能在大学四年矢志不渝，本身就是一件很了不起的事。

异地两年，小马在美国读书，男朋友在国内工作，经过时差、时空、时光的打磨，矛盾、误解、寂寞的摩擦，最后终于坚持到了见面。小马回北京时，恨不得脸上带着泪紧紧拥抱他。

相思两年，终于重聚。

终于牵手，再无遥念。

可是，一个月后，两人分手了。

我想，你我疑问一样，不应该是有情人终成眷属吗，不应该是苦尽甘来吗？不是。

因为终成眷属和比翼双飞的故事大都只在文学影视作品中，现实里还有一个角色本该是配角，却正在充当主人公，它的名字，叫作家长。童话里不会写，爱情故事里写不出，他们本应该是绿叶，但在中国，他们摇身一变，变成了红花。

而这一参与，就总能把一件事，变成另一件事。

小马的家长要求男方家长在北京买房子付首付，男方家境贫寒，就问女方家长是否可以出一半，以后再还。一开始女方接受，可结婚前夕，女方妈妈忽然反悔，心想，把女儿送出国，家里已经花了一百万，现在结婚还要我出一半首付钱，不合适，之前家里那些钱白花了吗？

很明显，母亲开始用商人的方式思考了，把女儿放在了买卖的另一边。

想着想着，就把电话打到了男方家长那里，可能是说话方式过激，直接惹怒了男方家长。没想到的是，小马正在男方家里吃饭，男方的父母竟然把火气撒到了小马身上。

很明显，这个愤怒转移是很不合理的。

小马男朋友也觉得奇怪，被突如其来的攻击吓到了，他愣在那里，甚至没有为自己的女朋友说话。女孩子受了委屈，哭着跑回家。妈妈见状，火冒三丈，拿起电话又打给了那个男生。男生告诉了父母，他父母以为这一次次的刁难就是嫌弃他们家贫寒，再一次情绪爆发了……

双方就这样，厮杀得不可开交，厮杀到完全无法交流。

这样的情绪爆发了一年，小马和男朋友终于分手了。分手后，小马整夜哭醒，男生时常偷偷摸摸地跟她发信息，但双方父母反对，他们无法进展到下一步，只能吊着，他们不知道能做些什么挽回彼此的感情。

她告诉我这是七年之痒，我说不是，如果第一年就让双方家长参与进来，第一年就能痒。

她说，父母参与进来不好吗？

我说，参与进来是必须的，但你不要忘了，感情，是两个人的事，和别人无关，哪怕是父母。所有人都只能是配角，不能因为是父母就要当导演，自己的人生，自己才是导演。

这些年，我看到凡是关系处理很好的夫妻，都多多少少有点"大义灭亲"的感觉。其实，现在的80后、90后男女朋友的矛盾，很多都不来源于物质，反而来自双方父母施加的压力。

我问小马，你从美国回来，想过买房子这件事情吗？

小马说，想过，不过我也想过，就算买不起也没事。毕竟，只要有他的地方，就是家，租房子也是住。

我问，可是你发现了吗，当家长介入后，事情马上变质，美好的感情变成冷冰的现实，精神的匹配变成经济的门当户对，发展到今天，是你想要的吗？

她摇着头。我能感觉到她的痛，那种无能为力撕心裂肺的痛。她说，她恨自己的父母。我想，那个男生，又何尝不恨自己的父母呢。

刘震云在《一句顶一万句》中认为：中国人擅长把一件事情变成另一件事情，再变成第三件事情，然后弄得一团糟。

爱情本身是两个人的事情，当家长过分介入，所有的东西就变质了，从一件事情变成另一件事：本来很爱，变得谨慎；本想很快结婚，忽然困难重重；本可顺其自然，变得步履维艰。

就像小马，当事情发酵后，变成了她母亲和那一家人的矛盾。小马母亲跟她说：如果你再跟这家没素质的人来往，我们就断绝母女关系。

我想，她母亲说这句话时，有多大程度是站在女儿的角度思考的，又有多大程度是为女儿的幸福考虑的呢？我想到了这一步，她自己的面子和经济成本已经高于一切了吧。

我跟小马说，你妈妈希望你找个什么样子的？毕竟，他们也认为你该结婚了。

她说，我不知道，但我怕的是，当我不得不结婚时，她给我随便介绍一个，说：赶紧结婚吧，瞎挑什么，差不多就行了吧。

○ ◂ ▸

我曾经说过：许多家长并不知道孩子要什么，甚至，很多时候，我认为有些家长根本就不想让孩子幸福。

这话看似说得很重，在当今中国，却是有根据的。

我见过一个妈妈曾经跟自己的女儿讲过这样的话：这世界上除了妈妈外，没有人真的爱你。

这是个亲妈嘴里的话。我能想象她说这句话的出发点，前半句还挺有道理，后半句只会让孩子对这个世界防备重重。可是，母亲毕竟会老，毕竟会离开，你让一个不敢爱的孩子在世界上怎么活，你让一个整天带着屏障的孩子，在这个世界上怎么爱？

这哪里是爱，是赤裸裸地用爱绑架。

孩子终究会离开父母，和另一半去生活，无论多远，这是不争的事实。每个人都应该有自己的生活，有自己的节奏。

有距离，才是最好的爱。

有时候，学会放手，反而会有更好的结果。

我在三年前写了一篇文章叫《爸妈，为什么你要干涉我的感情》。

故事里写了一个阿姨，她不让自己的女儿跟谈了七年的男朋友交往，说那个男孩没有能力。可是我在沟通后，发现并不是这样，只是因为阿姨无法接受那个男生而已。

在我写完这篇文章后，姐姐说写得真好，然后转发了。结果，被阿姨看到了，她看完很生气，给我打电话说我是叛徒，怎么能站在姐姐那边呢，还把我骂了一顿。

我问阿姨，您是否想过，这么压抑女儿，然后一个个男朋友给她介绍，最后的结果会是什么？

阿姨没说话，很久都没说话。

我想她已经能搞清楚，这是一笔必输的买卖，一味以议员身份去干涉，孩子一定会恨她，不过是早晚的事情，哪个不幸福的人会有无尽的爱？

一年后，她的女儿结婚，新郎，就是恋爱七年的男孩。

我不知道阿姨是怎么接受他的，也不知道他做了什么努力，但我明白，这条路很漫长，而且，父母妥协了。

父母妥协，孩子才能幸福；父母放权，孩子才能自由。

《圣经》里说：

创2：24　因此，人要离开父母与妻子连合，二人成为一体。

离开父母，与妻子结合，这才是幸福的必要条件，人终究会长大，会和另一个人过一辈子，这一个人，不是父母而是自己选择的。

○ ◀ ▶

父母总会说他们那代人压力大，可是，这一代的孩子压力更大，他们的压力不仅来自飞涨的房价和逐渐上升的生活成本，还来自家长的要求。孩子追求的不是单纯的物质，而是幸福本身。

而许多时候，家长的要求和过分参与，常常把一份好好的感情毁了。

就像夫妻吵架，本身很正常，可是一旦涉及双方父母，马上变质，双方开始变本加厉，这个架也就打不完了。

我的小姨从新疆嫁到湖北，跟姨夫一家住，每次吵架，就变成姨夫一家打群架似的去攻击小姨，久而久之，小姨得了很严重的抑郁症。有一次我都看不下去，对着老人说，你们怎么这么没教养？

老人一看我发飙了，说：我们怎么没教养了！

我说，人家小两口吵架，你们跟着瞎起哄，这算什么教养啊？

他们当然不服。但我要讲一个我哥哥和嫂子的故事。

我哥哥在嫂子家，只要和嫂子发生口角，嫂子的父母一定站在哥哥这一边把嫂子训一顿，然后让他们两个自己回家吵。我相信嫂子的父母一定是心向着嫂子，但有教养的父母一定胳膊肘向外，关上门再亲孩子。而且，他们一定不过分干涉子女的生活。毕竟，每个人都有自己的节奏，不是当事人，就不要乱评价，尊重和沉默一样，都是浓浓的爱。

你爱跳广场舞，我爱熬夜晚起，互相需尊重，彼此留距离，才能更好相处、更好相爱。

◯ ◀ ▶

我很感激我的父母，尤其是我父亲，在最该放权的时候放权了。

小时候我父亲管我很严格，我和姐姐没考到全班前几就会被一顿骂。慢慢地，随着我们长大，我忽然发现，他们不再管我，他们只会给我建议，却不会逼迫我做不喜欢的事情。

父母有自己的事业，有自己的爱好，他们也会给我打电话问东问西，但不会过多干涉我的生活，他们只提供建议，不去强迫。

看我熬夜，他们会说第二天要补回来；看我疲倦，他们会告诉我多休息；看我没锻炼，他们会提醒我去体检。

人大了，总要为自己负责，责任和自由是相辅的。

我记得有一次父亲跟姐姐聊到婚姻，他跟姐姐说，你什么时候结婚都可以，我不催你，毕竟你大了。

我在一边听，很感动，毕竟，很少有家长能说到做到的。

后来，我问父亲为什么不催她。

父亲说，只要你们幸福就好，家长所有的出发点都应该是孩子幸福就好，而孩子的幸福，只能他们自己决定。所以，我们就支持，不干涉，给你们足够自由，你们努力飞翔就好。

这是我听过的最好的爱：默默地看着你幸福，建议，不干涉，就这么简单。

Stand

Out

Or

Get

Out

你要么出众，
要么出局

海的那边，
你在何方

06

还差一句
对不起

○ ◂ ▸

世界上有很多事，都以为可以拖到明天，无奈时光最残忍，把很多我爱你变成祝福你，把很多理想淡化成愿望，把很多对不起变成来不及。

假设明天是最后一天，你还有什么没有做？

我把这个问题问我表姐时，她哭了，哭得很难过。她说，应该是跟我父亲、你大伯，认真地说一声对不起。

大伯是一个才子，但在那个动乱的年代，他满满的艺术热血，被洒在了地上。

十几岁的大伯，正是青春年华，那个时候全国闹灾荒，好多孩子吃不到饭。爷爷参加过国民党军队抗战，1948年国民党去台湾，爷爷没跟着去，加入了共产党。

他借了一个收音机，里面时常放着一些歌曲，大伯喜欢里面的音乐，爷爷就找当地一个音乐老师教他五线谱，他学得很快，能很快把一首歌的乐谱写下来。

几年后，他学会了弹琴，拉会了二胡，甚至会写歌。他有一副好嗓子，我听说很多孩子那个时候都在跟我大伯学习唱歌，电台里经常放大伯写的歌曲，我也在照片里看过那个时候长发飘飘的他。

伯妈是一个踏实勤劳长相平平的农村女人，我私下问过我长辈，为什么那么风华正茂的大伯竟然最后娶了大伯妈。

长辈叹了一口气，说，大伯那时坐过牢。

我问为什么。

长辈叹了口气，说，那个时代……

○ ◀ ▶

那个时代，是什么时代？

是我们90后永远无法想象的时代，饥饿、自然灾害、左派右派、四人帮、伟大领袖逝世……那些我们只能在历史书上看到的事情，却真真切切地发生在他们身边。

有时候读历史，你会想那时候的大江大海，会想那些人饥肠辘辘，而反观我们，却正在努力减肥。

后来知道，大伯最青春的八年在劳改房里度过，当他出来时，已经三十好几。

爷爷不让大伯回家，那时的劳改犯，所有人都会回避，包括亲人，怕他的出现让这个已经被打成右派的家庭雪上加霜。爷爷的父亲是地主，自己又参加过国民党，出身不好，那时爸爸和三伯准备当兵、考军校，爷爷就坚决不让大伯回家。

于是，大伯定居在武汉，经人介绍，和刚从农村回来的女人迅速结婚生了孩子，有了我姐。

接着，姐姐成了劳改犯的孩子。

没人规定劳改犯的孩子不能上学，但好事儿的档案上偏偏要多上一栏，写着父母背景。

不知道是哪个班干部翻开了档案，看见了这一栏，然后散播到班上。

从那时起，姐姐就习惯了被同学耻笑：你爸爸就是那个劳改犯啊。逐渐，她习惯了抬不起头，习惯了被老师低看一眼。虽然姐姐不知道发生了什么，但她只知道，这一切，都是这个人——她的父亲，就是他，让自己被同学耻笑被老师瞧不起。

她回到家就冷嘲热讽，而父亲只是沉默，沉默，像是为过去的时光赎罪。

有一段时间，我住在大伯家，目睹了大伯和姐姐的争吵，他们为了很小的事情，吵到焦头烂额。

逐渐，他们父女关系疏远。

逐渐，沉默造成更多误解，误解引发更多争吵。

逐渐，争吵变成冷漠，冷漠引发冷战，冷战使得彼此更加疏远。

那时一个人进了劳改房，就像后半辈子被烙上了无法改变的耻辱，没有人关心原因，只为了饭后多一些谈资；那时好事不出门坏事传千里，身边的人，就没有客观评论只有围观，像极了吃人血馒头的围观群众。

时光虽能抚平所有伤害，可是人言最可畏，寂寞的邻居没什么能做的，却总能在酒足饭饱后翻出往事继续嚼着舌根。这些闲言碎语对别人无所谓，但对曾受过伤的当事人，这一切就像旧的伤疤被层层揭开，露出血淋淋的红色，疼痛不已。

终于，大伯病了。

○ ◀ ▶

记得小的时候我去大伯家玩，他跟我们讲话，动不动就哭，鼻涕流到嘴巴里，显得特别不好看。

我跟他聊天的时候，他总是很认真地听。他喜欢教我音乐，我每学会一首歌，他就感动到泪奔。

当时我心想，怎么泪点这么低啊。

大伯总喜欢哭着跟我说，要好好活着。

然后姐就走过来说，你别总废话，别人又不像你，整天寻死觅活。

大伯转身，擦着眼泪，再也不讲话。

几年后，大伯得癌症去世，五十出头，永远离开了这个纷争无奈的世界，离开了这个缺少包容理解的年代。

葬礼上，姐姐哭得晕倒，她跪在地上不停地说对不起。

我忽然明白，大伯之所以喜欢流泪，是因为他把每天当作最后一天。所以，他对每个人都那么真，每句话都那么走心地说，毕竟，谁知道哪一天生命就画上了句号。

我最后一次见到大伯的时候，他目送我上公交车，他身上因为化疗鼓起了很多包，走路也蹒跚了起来。他听不太清楚我说的话，可我还努力地比画着。那时我太小，不懂事，父亲告诉我，要好好听大伯讲话，他说下次可能见不到了。

我不懂什么意思，人在，怎么见不到呢？

公交车启动的刹那，他追了两步，然后停了下来，我从车窗探出头，看到他早已泪流满面。

对于一个癌症病人，每次暂别，或许都是永别。

那年，大伯只有五十多岁。

○ ◀ ▶

姐姐哭着说对不起，一直哭，哭到我眼睛湿润。

那时我小，只觉得奇怪，为何不生前对大伯好点，死后才道歉。

几年后，姐姐给我讲了一段故事：

大伯年轻时爱上了一个姑娘，两个人在树下写诗，在夜间弹琴，那个年代，也只能用爱去饱腹，用诗去陶冶，用歌去感动。

他琴棋书画样样精通。

可是那时，一个当兵的也爱这个姑娘。

这个人动用了所有的关系，经过许久的博弈，最终以破坏军婚罪把大伯送上法庭，法庭当庭宣判有罪。

这一关，就是八年。这一关，就丢掉了青春。

当他出来的时候，已经丢掉了所有。他开始郁郁不得志，怨天尤人，多愁善感，又没人可以讲话。英年早逝似乎是对那个时代才子的必然诠释，或许只有这样，才能让人一辈子的故事更能被后人记住。

姐姐说，大伯没错，错的是她自己，错的是那个时代，错的是那个世界。

她哭得稀里哗啦，可惜，世界的那边，大伯无法听到。

许多对不起，就这样变成了来不及，变成了还不起，也变成了再也听不见。

姐从此不怎么喜欢说话了。

我时常问姐，让她给我讲当年大伯故事的细节，她摇摇头，说自己不知道。许多细节，就像历史一样，永远只能以偏概全，永远只能找到片段，找不到细节。

◯ ◀ ▶

几年后，我找到姐，问能否把大伯生前的音乐给我，我想听听。

姐姐说，别听了，人要往前看，对生者好些就好。

我点头，没再追问。

我想起那时我写过的一篇文章《滚蛋吧，×蛋的生活》，如果明天是你最后一天，你还有什么没做？

去跟一个暗恋多年的姑娘说我爱你？去一个一直想去的地方？还是做一件从来没做过的事情？

或者，去说一声对不起。

越亲的人，越容易忽略他的感受，越近的人，越可能伤害到他的心灵。

许多时候，只欠一句抱歉。

许多时候，这句抱歉都来不及说了。

海的那边，
你在何方

　　我早想跟你分享这个故事。

　　可是太沉重，怕自己讲不好，写了许久，查阅了大量的历史资料，无数次邮件，许多回易稿，依旧不能满意。

　　几天前，终于落笔成义，我发给张一老人看，他看完后，就说了一句话：写得很好，谢谢你，让我勾起这段回忆。

　　我说，谢谢您，让我有机会参与。

　　之前，我在台湾参加一个书展，演讲结束后，一位中年人缓缓走来，他问我：尚龙，是否有空，我父亲也在，他会给你讲一个关于自己的故事。

　　我点点头，收拾起电脑，跟他们去了一家餐厅。

　　餐厅安静简单，故事却被装潢到刺眼。我不停地问，他不停地答；我感叹，他遗憾；两代人思维的对接，情节的碰撞，他儿子在边上，努力地帮我解释着。

我忽然明白，我们没有活在那个离别的年代，真好。

○ ◂ ▸

张一老人今年八十多，头发斑白，身体硬朗，山东人，1949年时，他刚好十八。

那年，解放战争到了焦灼的时期，蒋介石节节败退，却依旧苟延残喘着用尽全力拼死一搏。山东，早已战火纷飞，人们颠沛流离，恰是人间惨剧，时常飞机飞过，尸横遍野。

张一的父亲是个地主，没念过书，没太多文化，于是给家里三个男孩子起名分别叫张一、张二、张三，方便记，大家也容易认。张一最大，那年十八岁；其次是张二，十五岁；弟弟张三在一次出去玩的时候被国民党抓兵，从此杳无音信。

张三被抓时，父亲和两个哥哥藏得严严实实的，母亲哭得稀里哗啦地看着张三被带走。张三穿上国民党的军服，抬着弹药，朝着父母挥挥手，从此，再也没回来过。据说张三是在一场战役中被打死了，具体怎么死的，没人知道。战乱年代，每一次暂别，都可能是永别。

父亲把两个孩子送到山东的一所学校念书，可惜战乱纷飞，学校动不动就停课，要么老师消失，要么教室被炸，学生越来越少，眼看学校就要开不下去了。在这节骨眼上，几名不同学校的老师和学生骨干组织起山东联校，他们共用老师和场地，随时学习，随时念书。

学生席地而坐，就能听老师讲课；老师拿起粉笔，就能在地上写字。谁也不知道，知识是否能改变命运，战乱年代，能改变命运的，只有运气，不被子弹打到就是好命。

很快，枪炮声就打到了周围，八千名山东联校的学生，在老师的带领下，一路南下，开始逃命。张一和张二，就是那个时候八千名学生中的两名。张一爷爷说，那时的火车上挂满了人，行李堆满车厢，人也挂满火车，每次火车进山洞，都会少几个人，有些人甚至死在车里，被当脚踏板一样踩在脚下。几天的火车坐下来，让他们习惯了分别和死亡，那年他们刚成年，却吃着从未有过的苦。

不知过了多久，火车到达了澎湖，老师与国民党守军沟通，说保证孩子们安全，不让孩子们当兵，让他们继续读书。可是不久，国民党军节节败退，军方背信弃义，爆发七一二事件，军方强行命令孩子们当兵打仗，老师和学生坚决反对，几名骨干老师和学生遭到枪决，张一和弟弟，都没有免于穿上军装的命运。

那时，穿上军装，就意味着迷失，迷失在生死之间，迷失在炮火中，迷失在熟悉又陌生的国土上。

○ ◀ ▶

国民党上层忽然明白，大势已去，要么投降，要么南下，去台湾。

谁也不知道投降后会如何，更不知道这个叫台湾的地方，意味着什么。

于是，军方让剩下的学生自己选择，南下还是北上。

南下，意味着一片茫然，或沉入大海，或远走他乡；北上，意味着战火纷飞，或枪林弹雨，或尸横遍野，或遍体鳞伤。张一叫来弟弟，危难时刻，谁又能有更好的判断？他说：弟弟，我们总要保住一个，才能见到父母，或许能留住我们家的血脉。所以，我们分开走。

弟弟点头，于是当天，张一南下去台湾，张二北上回家。

张一送弟弟时眼睛是红的，因为他也不知道自己是否还有机会再见到他。临走前，哥哥从包里拿出一个完好的笔记本，从中间用力地撕成两半，把一半送给弟弟，说：我们一人一半，记得在路上可以写写东西，就算不写，看到这个，也能想到我。

弟弟把半个本子装进包里，嘻嘻哈哈地上了火车。他跟哥哥说：哥哥，不用着急，等仗打完了，我们再一起读书写字。

他记得弟弟说的最后一句话：哥哥，仗很快就能打完，我们很快就能见到的。

张一老人讲到这里，忽然沉默了好久，他干涸的眼睛里，忽然多了一些思念。或许战乱已经让他流干了眼泪，或许他早已经放下，无论如何回忆，都已无泪可流。

弟弟踏上北上的火车，火车开动。谁知道，这一别，竟是永别，两人再也没见过，弟弟永远消失在了这动荡的年代。

张一爷爷跟着剩余的五千多学生和国民党军队南下，一路颠簸，到了广州，却发现码头上乱糟糟的，都是人。军人军装不整，行李横七竖八，老人哭孩子叫，他忽然明白，船少人多，于是，不得不舍弃一大批人。学校几经沟通，终于决定，让女学生先上船，男生跟着部队，继续行军。

张一没想那么多，反正离开了家，走到哪里都是走，活在何处都是活。

几千名学生加军人一路向西，路上，遇见了国民党黄杰的第一兵团，两路人马合为一路。此时，东北南三个方向已经全部被解放军包围，黄杰无能为力，只能一直往西退。一路上，学生们死死伤伤，将士们跌跌撞撞，张一拿着笔和那半个本子，记载着自己看到的一切。

张一爷爷说，我再也不愿意回到那个时刻，因为那时，每一条路，都看不到尽头。

○ ◂ ▸

黄杰军队一路向西行军，解放军追击速度快，国民党援兵又迟迟未到，终于，他们逃到了中越边境。此时此刻，张一才知道，带领他们的将领已经制定了八字方针：假道入越，转运回台。

这八个字深深地印入了张一爷爷的脑海里，这是他第一次出国，他以为这次背井离乡不会太久，在越南的日子不会太长。

越南，那时是法国的殖民地。多方协商，法国同意黄杰的部队入越，但前提是，放下兵器，纪律严明、听从指挥地入越。

1949年12月12日，他们五百人一组，放下枪，整齐地进入越南。谁想到，陆续有三万人进入越南被软禁，这一关，就是三年。他们先是被关押在越北等地，后来又被转移到南方的富国岛，生活在法方的软禁监管之中。法军常来搜抄，银圆手表全部都被拿走，不给就拿枪托打，受伤没人医治，生病没有医生。法方提供每人每天米仅四两，吃不饱睡不够，水土不服多病少药，死伤不断。

张一老人讲到这里，深深地叹了一口气。

他说，每隔几天，就有人死，有的认识，有的不认识，认识的他就哭，不认识的他就叹。哭着哭着，也就不哭了，他开始明白这就是命，活下来的，是命好的，死去的，是命烂的。

张一用那半个笔记本记载着发生的事情，那半个本子，密密麻麻的，写满了那段历史。

他们不知道为什么法国人要出尔反尔地软禁他们，许多年后，当历史浮出水面，他们才明白，法国为了限制美国，给美国提政治条件，才软禁了这群人。可这群人不知道，张一老人不知道，他们只明白，三年，一千多个日子，他们没有自由，没有足够的粮食，身边的中国人在死去，希望在一点点地破灭着。

可是这些呐喊，谁又能听见。

那层伤痛本应该结疤蜕皮，却再次被揭开，露出血淋淋的伤口，每一滴血都是时代的烙印，每一滴泪都包含着满满的伤痛。

我很想去追问张一老人那三年故事的细节，可是，我不敢继续下去。身为晚辈，岂能理解那漫长的三年，一个学生，二十出头，是如何度过的。

就在那三年，张一老先生得了厌食症，他再也胖不起来，只要吃多，就会深深作呕。这种病，持续了一辈子，就如这段记忆一样，一辈子根深蒂固，无法驱散。

1950年6月，朝鲜战争爆发，美国军舰驶入台湾海峡，在两极对峙中，越盟的革命活动日益炽烈，法军在越北的战事一再失利，逐渐失去对越南的统治权。1951年底，富国岛的官兵进行了集体绝食抗议，张一和同学都加入其中。那几个月，抗议不断，叫骂不止，他们要求尽速将他们送回台湾。这一闹，迅速引起了国际注意，加上美国政府不断施压，几个月后法方终于同意放行。

1953年5月23日，第一批前来接运的三艘军舰到达越南阳东，张一年少，又是学生，被允许第一批登船。踏上去台湾的军舰，他回头看了一眼越南，忽然无比冷静，没有笑，没有泪。

因为他将去的地方，更加陌生，他们说叫台湾，是一个岛。

他忽然明白，世界原来这么大，可家在何方，早已无解。

○ ◀ ▶

张一来到台湾，定居台北，青年时的颠沛流离，让他更明白稳定的可贵。一路上他写的资料，变成了历史，很快，他爱上了对历史的研究。后来，他去了台北一所大学，当上了历史系老师，教课、生活、结婚，可一直没有孩子。

他说可能是当年的厌食症和营养不良导致的，所以在他四十五岁时，在老婆的建议下，收养了第一个男孩，很快又收养了第二个男孩。大儿子比二儿子大三岁，他们时常争吵，有时为了玩具，有时为了看电视，吵吵闹闹。

1987年，大陆允许台湾老兵探亲，同年10月15日，台湾当局宣布开放台湾居民到大陆探亲。10月16日，经国务院批准，国务院办公厅公布了《关于台湾同胞来祖国大陆探亲旅游接待办法的通知》。至此，两岸打破了自1949年长达三十八年的冰封期。

此时，张一老人已经将近六十，当他知道这件事时，忽然想起了一个人，刚想到他，人瞬间就定在了那里。因为，那个人的名字，叫张二。

澎湖一别，再无相见，他在何方，是否还记得自己，是否还记得曾经的家，谁也不知。

他无法跟老婆说，毕竟老婆是本省人，更无法明白那段动荡的历史中，两个小人物做出分别的决定。

终于，一天夜里，他跟老婆说，我想回趟家。

老婆问，你不一直都在家吗？

他说，那个家。

当他再一次踏上祖国的土地时，眼睛湿润，嘴巴不停地颤抖着。回到山东时，他忽然跪在地上，哇的一声哭了出来。他哭得像一个孩子，像一个失去一切又找回点滴的孩子。这里有他的青春，可惜，他再也回不来，历史把他冲得太远。

随行的年轻人扶起这位老人，他一路走，一路继续哭着，像要哭出自己的灵魂。

老人没有找到自己的弟弟，他回到了村庄，面目全非。幸运的是，他看见了父母的墓，一旁，是弟弟的墓，他死于十年前，肺癌。村里老人告诉他，张二从南方北上的路上，让国民党抓了壮丁，后来和解放军交战时被俘虏，回到家后，身染重病，时常咳嗽到深夜。

新中国成立不久，父母就离开了世界。接着，"文革"爆发，因为父亲是地主，自己又当过国民党的兵，张二很快被批斗，被打倒。后半辈子，张二穷困潦倒，郁郁不得志，"文革"结束前，也匆匆离开了。

张一无法理解这一切，他跪在弟弟的墓碑前，想起分别的时候，想起一起学习的场面，再次失声痛哭。

眼泪滴进土里，让土的颜色变深，周围陪同的人，脸上都挂着泪珠。

忽然，他从口袋里，掏出了那半个本子，上面密密麻麻地写着自己在越南的生活。他跪在墓前，点燃打火机，把它烧成灰。黑色的灰，被风吹到墓碑上，像那段回不去的历史，那再也见不到的兄弟。

"那，另外半个本子呢？"我弱弱地问张一爷爷。

他没说话，许久，起身去了一趟卫生间。

我坐在原地，久久不能平静，忽然明白，那个年代，活下来就是万幸，谁还在乎半个本子。无论是什么本子，写着什么，谁给送的，都只是纸，随着那个时代的风，被吹散，飘落，然后遗失。

○◂▸

张一老人回家当天，筋疲力尽。

一觉醒来，看到两个孩子继续吵架，不可开交。同一个电视，却只能看一个节目，遥控器被大儿子拿在手上，二儿子冲过去抢，抢着抢着，就打了起来。大儿子把弟弟打哭，妈妈冲过去，一把抢过遥控器，递给弟弟。

大儿子委屈，走到一边，嘟嘟囔囔地跟弟弟说：等我读完书，能赚钱，买个电视自己看，我们再别来往！

话音刚落，一个响亮的巴掌，重重地打到了他的脸上。从小到大，父亲从来没有打过儿子，他把两个儿子视为己出，这一巴掌，直接让儿子蒙了。忽然，儿子眼睛红了，刚准备哭，猛地抬头，看见父亲眼睛里，满满的泪光。

老人转头进了房间，忽然泪如雨下，他没说话，也没人懂得他经历了什么。

过了许久，老人从房间里出来，指着大儿子，慢慢地，就说了一句话：他是你弟弟，你有义务一辈子去照顾他，让他幸福，听懂了吗？

大儿子似懂非懂地点点头，老人叫过来二儿子，拉着他和哥哥的手，把两个人的手放在一起，语重心长地吸了一口气，想说什么，又戛然而止，转身离开。

或许，他不知道如何开口。或许，他明白就算说了，也未必有人能懂。那海的对面，有一个自己的兄弟，可惜，他再也见不到了。

那些关于离别、关于伤痛、关于历史、关于生死的故事，那些发生在他身上的、发生在弟弟身上的、发生在两岸的、发生在整个民族的故事，谁又能懂，谁又愿意听。

他想，既然没人懂，就让它埋在心中吧。

我听完了整个故事，录音笔已经发烫，咖啡早就变凉，一旁的助理眼睛里闪烁着晶莹的泪滴。张一老人起身，淡然地说：讲完了，就是这样。

我关掉录音笔，久久不能平息。

一旁，是张一爷爷的大儿子，西装革履，平易近人。他说，谢谢你，父亲很久都没有这么开心地把故事讲给别人听了，更何况还是大陆那边的青年。

我笑着点点头，目送他们离开。

○ ◂ ▸

那天晚上，我整理思绪和文字到一点，写着写着，就失眠了。我走到101大厦的下面，坐在阶梯上，抬头，看着高耸入云的建筑，听着海风，安静的街道上，只偶尔有摩托车的声音，呼啸而过。

忽然几个台湾小伙和小妹尖叫着从酒吧里出来，在酒精的作用下，他们幸福地笑着。

我庆幸无法穿越到那个年代，看那种颠沛流离；我庆幸能活在这个时代，感受着鸟语花香；我不能理解网络上言论不同的厮杀，我不能理解政治不和就给戴帽子和下定论。

我只知道，时光会洗刷所有恨、痛哭甚至记忆，也会升华更多爱、亲情和思念。

但回不去的，是老人的青春，和兄弟的重逢。

后记

○ ◀ ▶

各位好，我是尚龙，谢谢你读完这本书。

这是我第三部作品，第三个孩子。一位女性作者曾说，每一部作品的诞生，都像是一次生育，痛苦但充满着喜悦。

这句话我很同意，虽然不太明白该怎么生育。

一晃，我已经写了三本书，主编了一部作品。

恍然间，我也是奔三的人了，怕青春逝去，来不及动笔。

这些天，我一直在五道口的三联书店熬夜码字，这家三联书店是二十四小时的，进门靠左，有一家咖啡厅，点一杯美式咖啡，就能从晚上十点坐到天亮。

我时常看到身边的小伙伴挑灯夜读，看着那些马上考试的学子和逐渐亮起来的天，才发现，书成了他们和我唯一的慰藉。在没有人陪的日子，在看不见曙光的时光，我时常看见许多人抱着书趴在桌子上睡着。那时，心是暖的，忽然明白了码字的意义：书里的文字，能给每个人力量。

我至今还没有看到有人捧着我的书在这里睡着，但我听说，我写的这些文字，也在夜深人静的时候，给过许多人力量，这些，是我从未想过的。曾经只想记录生活，却没想到散发了温暖，谢谢你们和我一样，相信生活还是可以通过努力去改变的。毕竟，在这个浮躁的世界里，愿意这么单纯地相信这些的人，不多了。

今天是2016年12月7日凌晨三点，明天，不今天，是交稿最后日期，我终于还是拖到了最后写完了这篇后记，想写的，都写了，无憾了。千言万语，只有感谢，谢谢我们都爱文字，谢谢你们喜欢这些简单的故事，谢谢我们都因为文字改变过自己。

这是我第三本书，编辑拿到稿子说：出了两本畅销书后，第三本的文字质量还只增不减，真是不错。

我想，如果每位看着我长大的读者能在茶余饭后读到我的新作品，笑笑说"李尚龙这小子，真的在进步呀"，我就很开心了。

○ ◂ ▸

新书出来，我依旧会跑遍全国各地去看你，就如我前两本书做的一样。

2016年的上半年，我跑了五十余场，白天签售，晚上上课，或者反过来。感冒两个月没好，却每天跟打鸡血一样地过。从高大上的报告厅，到破烂的食堂、夜晚的酒吧，这些地方，都做过签售。每天工作结束，时常是十一点，就下楼吃夜宵，然后回到房间写写东西，看看书。这样的生活在新的一年，还会继续，2017年，我依然会自费带着书里的人、书里的故事，到全国各地去见你。

希望今年，能做到一百场。想趁着年轻，趁着阳光美好，去见见你。希望能坐下来给你讲故事，能听你的声音。对了，还会带着自己的电影作品，现场放给你们看，希望你们见到我时，发现这个家伙，并没有照片上那么难看。

〇 ◂ ▸

之前的每一本书，都会被人说是鸡汤，许多人看完后才挠挠头，笑着跟我说：好像也没那么鸡汤。我想，这一部还是会被人这么说。这个时代很浮躁，很多人连作者的文章都没有读完，就妄评贴标签，特别不好。

不过，无所谓了，无论是不是鸡汤，我也懒得打嘴炮了，只要它对你有用，就好。毕竟，人言可畏，被人误解的事情，在这个世界上很常见。这么多年，我一直用一句话来勉励自己：做好自己的事情，永远把眼光盯紧目标，而不要交给自己的对手。别人爱说什么就说什么咯。年轻时，我们遭遇过太多被人冷言冷语的时刻，遭遇过太多被人误解却无力辩白的场合。放心，这些都是你进步时的短暂阻碍，会促进你成长，打不垮你的，都只会让你变得更强。就像你在学习时，总会有人说你不合群；就像你在读书时，总会有人说你读的是鸡汤；就像你在进步时，总会有人提醒着你失败的可怕。人这辈子，活着为自己，而不是为别人的目光。

路走着走着，就会发现，每天进步的人，才会走得更稳，才能看到更多。

○◀▶

看完这本书，能否告诉我你最喜欢哪个故事、哪篇文章？可以在微博上@我（@尚龙老师）或者私信我吗？放心，我能看到。这些年，留言越来越多，但我没有忘记最初的诺言。至今，自动回复未改，每条留言，虽可能来不及回复，但都有认真地拜读，也谢谢你们的留言，让我在北京这个城市，更有力量去做自己想做的事情。

你也可以写你的故事给我，我都会认真看，每个月会抽几位聊天，然后把你的故事写进我的微信公众号：龙影部落。

力量是相互的，温暖也是抱团的。

茫茫人海，相逢是缘，谢谢你在那么多书中，选择了我的，江湖有期，我们还会再见。

愿我的文字，能陪着你，和你共同成长。

李尚龙

12.7　清晨

于北京五道口